前世業力清理法

Meet Your Karma
The Healing Power of Past Life Memories

6步驟RELIEF，回溯今生困難問題的根源

雪莉・凱爾Shelley A. Kaehr ___ 著　駱香潔 ___ 譯

這本書獻給——

多年來我有幸幫助過的數千名客戶，

以及每一個追求真理的人。

願你們找到真正的幸福、平靜與喜悅，

不只是今生，而是永永遠遠。

目錄

前言 人生的苦難中，你並不孤單 7

第一部——什麼是前世業力清理

第一章 玄祕的前世與回溯 17
第二章 相信就有奇蹟的 RELIEF 療法 37

第二部——前世業力對今生的影響

第三章 各類型恐懼 55
第四章 心力交瘁的焦慮與恐慌症 85
第五章 怪癖般的強迫症 111

第六章　從創傷中解脫　135
第七章　誓言與靈魂契約　167
第三部——前世業力清理的步驟
第八章　正向改變的引導催眠與練習　203
第九章　逐項清理前世　233
結論　邁向璀璨未來　283
謝詞　289
參考書目　291
美國心理健康資源　295

前言——

人生的苦難中，你並不孤單

我初次感受到業力的影響，還是個襁褓中的嬰兒。我出生時很健康，但是兩週半的時候卻突然身染惡疾。醫生說我的腎臟無法發揮正常功能，原因不明。他們要我爸媽做最壞的心理準備。住院一個月後，醫生讓我出院回家度過最後的日子。我的靈魂似乎不是很想來到地球。但這時候我祖母突然辭世，緊接著發生了一個奇蹟：我的健康指數不知道為什麼全數恢復正常。腎臟異常的情況彷彿從未發生。我復原之後，醫生找不到任何臨床證據能證明我之前的病況。

多年後，我成為專業的前世回溯治療師，這才知道原來我在上一世是個酒鬼，一九四〇年代出生，一九六〇年代死於腎衰竭。我痛苦的回溯到一九六七年，也就是上一世我死去的那年，發現我在今生仍有些艱難的課題尚待學習，有些任務尚待完成。

以占星學來說，我出生時太陽在第六宮，對健康不利。雖然占星學是很好的靈魂任務參考指引，但我還是透過前世回溯、能量工作與冥想，克服了種種挑戰。我將在這本書中介紹這些方法。

我從小就相信輪迴轉世，起因是我母親參加了一場午餐會。那場午餐會邀請的講者是維珍妮亞．泰（Virginia Tighe），她是史上最有名的前世回溯者之一，也是《尋找布萊蒂．墨菲》（*The Search for Bridey Murphy*）這本書的真實主角。我簡短說明一下這本書的內容：維珍妮亞有嚴重的過敏症，她試過幾種治療方式都沒有效，所以決定試試催眠。回溯童年有點效果，但並未完全解決她的問題。最後，沮喪的催眠師問她是否願意回溯到過敏最初的源頭。出乎眾人意料的是，她居然回到了十九世紀的愛爾蘭，她說她的名字叫布萊蒂．墨菲，還詳細描述了自己的人生。

母親參加午餐會的隔天晚上，我和父母一邊吃晚餐，一邊討論前世今生的真實性。從那一刻開始，我相信輪迴轉世確實存在。我認為這個想法完全合理。我一直不相信我們只會在地球上生活不到一百年，然後就消失在宇宙的塵埃中，只剩下靈魂永遠遊蕩。

長大之後，我愈來愈相信輪迴轉世，尤其是在我的一個朋友死於健行意外之後。那次他邀請我一起去健行，可是我沒有去成。為此我悔恨了好幾年，腦海中反覆重演各種於事無補的「如果當時……」情境。為了療癒和釋放心中懸而未決的悲傷，我接受了幾年的傳統治療，可惜毫無幫助。後來有人建議我試試前世回溯，回溯立刻使我的人生獲得改善。我知道那位朋友跟我過去好幾世的人生都有過交會，而且每次他都英年早逝。

我們的靈魂都有必須履行的契約。每件事的發生，背後都有原因。我在催眠的狀態下目睹實際經過，因此深深體會到我們死後確實會去到一個更好的地方。

體驗了前世回溯之後，我更加確信幫助他人運用前世的力量來撫慰今生，就是我這輩子想做的事情。找到痛苦的源頭，減輕無謂的苦難。更重要的是，你可以用接納的心態去面對人生的艱難課題。

我的這份領悟發生在二〇〇〇年，那是我第一次參加催眠訓練課。為了取得證照，學員花了一個月的時間在課堂上輪流互相催眠。那是一段極度難熬的過程，我被大量的沉重業力壓得喘不過氣。

當時我剛結束痛苦的婚姻回到德州，在心情尚未復原的情況下，我用意志力強迫自己離開身體。醫學博士雷蒙・穆迪（Raymond Moody）在《死後的世界》（*Life After Life*）書中所說的光之隧道，我經驗過。基本上，我已是個廢人，我失去生存動力。不只是因為離婚，更是因為那種排山倒海而來的沉重挫敗感。

回到德州的我已支離破碎——當然不是身體的支離破碎，是心理狀態。我走進光之隧道，遇見幾位已往生的親戚，包括我出生後沒多久就過世的祖母，我們一直沒機會碰面。我永遠忘不了看見她站在我面前時，心中有多麼驚訝。她告訴我，我的時候還沒到。我退出隧道，回到身體中之後，我對光、聲音跟能量都變得特別敏感。我無法工作，我必須為人生按下暫停鍵，但我不是那種閒下來就無所事事的個性，所以我決定去上催眠課。

我不知道我的前世和過往的人生中，能挖掘出這麼多東西。那種情緒的撼動難以置信。課程結束後，我覺得自己輕鬆了一萬倍，這輩子從沒這麼輕鬆過。我相信若要戰勝負面情緒，你必須把負面情緒全部走一遍。逃避負面情緒，只會讓身體崩潰、孱弱。釋放負面情緒使靈魂更加強大。釋放那股被困住的能量，你才有機會看見新的光，而且你的人生將會瞬間改變。

催眠使我獲得自由，也讓我知道直面過去一點也不可怕。透過催眠與前世回溯，你將以新的視角看待過往事件。這能使你心情放鬆，有更多餘裕享受當下的人生。想通這一點之後，我決定幫助其他人打破物質存在的束縛，找到更多生命的喜悅。這是我的畢生職志。

除了我的親身體驗，這二十年來我還協助過三千多位客戶。從他們身上，我知道很多人今生碰到的困難，其實是某些情況的延續，而這些情況的源頭存在於前世。只要有適當的引導，每個人都能克服最艱難的問題。我自己曾經做到，我也見證過發生在許多人身上的奇蹟。

這些年來，我用催眠與能量治療幫助形形色色的客戶。我發現思想確實會在身體周圍無形的能量場中占據物理空間。同樣地，前世記憶雖然無形卻是具體的存在。我的方法是語言認知與能量療癒雙管齊下，幫助客戶達成永續的改變。我發現光是把問題從頭到尾說一遍，並無法真正解決問題。記憶必須用能量洗淨，才能一勞永逸地解決問題。透過想像的力量，我引導客戶回到前世、得到領悟，然後利用那份覺知為今生賦予力量。

我的療程還包括一個重要步驟，我稱之為「未來記憶」（future memories）。也就是引導客戶造訪今生的未來，看見實現理想的自己過著成功又幸福的日子。量子物理學已證實時間是一種幻覺，因此修改過往有一個更崇高的意義：為今生賦予力量。我的客戶親身感受到自己的最大潛能，因為存在於量子場的這個可能性，肯定也存在於其他場域。我寫這本書，是因為我看見焦慮、創傷和憂鬱在現今社會不斷蔓延滋長。科技使人與人之間的關係愈來愈疏遠。可惜的是，我們現在才慢慢發現使用電子裝置成癮的長期影響。根據美國疾病管制與預防中心（Centers for Disease Control）的數據，自殺是美國第十大死因。[1]我為此深感憂心。雖然現代醫療有很多減輕痛苦的方法，但遺憾的是，不是用在每個人身上都有效。

這是客戶來找我的主要原因之一。我經常是他們最後的求助對象。他們想要找到長期問題的根源，但試過各種方法都沒有用，只能問自己到底還能怎麼做的時候，就會來找我。飽受憂鬱、焦慮和創傷之苦的人，通常都是把這些情緒從前世帶到今生。有些情況我可以幫上忙。這本書的目的是幫助讀者找出並療癒自己的創傷與焦慮，把應付日常生活的工具與策略交給你，並透過實際個案讓你知道，在人生的苦難中，你並不孤單。

如何使用本書

本書分成三部。第一部討論輪迴轉世的哲學思維。第二部介紹有趣的個案，他們都有壓力、焦慮、憂鬱、創傷等症狀，以及美國精神醫學協會《診斷統計手冊》（*American Psychiatric Associations Diagnostic Statistics Manual*）中確定的其他精神疾患。雖然書中的個案並非全都經過臨床診斷，但我想用這些客戶當例子，介紹前世回溯療程能夠成功治癒的各種狀況和難題。最後，我將在第三部分享我自創的**RELIEF**療法，這是一套處理焦慮、憂鬱和創傷的方法。我用**RELIEF**這個縮寫詞向客戶說明催眠療程的各個階段，你將有機會藉由這本書的漸進式引導體驗**RELIEF**療法，希望你會在這些過程中得到領悟、答案和療癒。

---

❶ NCHS, National Vital Statistics System, Mortality. Figure 4: “Age-adjusted death rates for the 10 leading causes of death: United States, 2016 and 2017,” CDC.gov. https://www.cdc.gov/nchs/products/databriefs/db328.htm.

第一部

什麼是前世業力清理

二〇一八年，皮尤研究中心（**Pew Research Center**）的調查發現，美國有三三%的成年人相信輪迴轉世。[1]這個數字似乎不算多，因為全球相信輪迴的人數以億計算。不過，跟二十年前我剛執業的時候比起來，現在確實有更多美國人對輪迴觀念抱持開放的態度。

在我們深入了解個案之前，我想先討論一下前世回溯的幾個觀念，以及為什麼就算你不相信輪迴轉世也可以進行前世回溯。我也將分享人們嘗試回溯的常見動機，還有回溯可以為你帶來哪些好處。

---

[1] Claire Gecewicz, "'New Age' Beliefs Common Among Religious, Nonreligious Americans." Pew Research Center, October 1, 2018. http://www.pewresearch.org/fact-tank/2018/10/01/new-age-beliefs-common-among-both-religious-and-nonreligious-americans/.

第一章

玄祕的前世與回溯

不相信前世今生的人一直都存在，沒有關係，任何信仰系統都有批評者。知名哲學家榮格認為，人類的集體無意識存放著人類所有的記憶。有些象徵性人物（或原型）代表的含義放諸四海皆準，超越文化背景。例如英雄與惡徒、母親與睿智的長者，都是人類社會中公認的原型能量（archetypal energies）。有些人相信接受催眠回溯，很可能只是進入人類祖先共有的原型歷史，而不是專屬於他們的個人記憶。

我引導客戶回溯時，有件事很不可思議。我提出的問題，他們總是有辦法回答。這些答案是從哪裡來的？雖然無法確知，但我相信這些資訊來自靈魂深處。我無法斬釘截鐵的說，這些記憶都是真實的。我也不打算宣稱我了解宇宙的內部運作。有些人可能前世就已來過，有些人躲進他們在電視上看過的世界中，也有些人成功進入人類的共同心智。

無論是哪一種情況，我都相信只要能取得正面成效，就表示催眠回溯確實有用。我協助客戶處理焦慮、壓力、憂鬱或創傷，主要的目的是幫助他們釋放。我不會忙著Google或核實他們說的每一件事，因為那不是我的工作重點，最重要的是幫助他們加強人生的整體幸福與心靈的平靜。

信仰系統

話雖如此，我還是想藉這個機會討論一下信仰系統。正在閱讀此書的你若非相信輪迴轉世，就是對這個主題有興趣。雖然相信輪迴轉世的宗教不少，例如印度教、佛教和其他幾個宗教，但是這本書裡所說的前世回溯與宗教信仰無關，而是一種過程。我相信我們有前世，也將有來生。但我不是任何宗教的代言人，也不打算改變你的宗教信仰。事實上，你不需要相信前世，也能透過前世回溯獲得協助，你可在本書的第二部看見真實個案。

或許你跟我的許多客戶一樣，在自己生活的世界模式以及父母和權威人士的教導中苦苦掙扎，面對與從小到大被灌輸的信念相違背的新想法和新感受時，不知道如何將兩者融合在一起。這種感覺完全正常，也很合理。輪迴轉世是一種概念，前世和來生的存在既無法證實，也無法證偽。

在西方文化中，許多基督徒從小就相信輪迴轉世並不存在，光是思考這件事本身就很邪惡。但其實有證據顯示《聖經》曾經提過輪迴，只是後來刪掉了。

有趣的是，二〇一八年皮尤研究中心的調查發現，有二九%的基督徒相信輪迴轉世，只是他們不會公開承認。[1]我大部分的客戶都是基督徒，或許是因為大家在這方面的了解愈來愈多，過去不容易獲得的資料與知識，現在如洪水般迎面襲來，促使我們對自己的起源跟生命的意義提出更多疑問。理論上相牴觸的信念會融合在一起，可能就是因為我們在面對與存在意義相關的深刻問題時，找不到令人滿意的答案。

---

❶ Gecewicz, "'New Age' Beliefs Common Among Religious, Nonreligious Americans."

為什麼要回溯前世？

身、心、靈的平衡是一輩子的挑戰，一旦身、心、靈的任何一方失衡，人們就會開始尋找答案，試圖讓生命恢復穩定。前世回溯是一種神奇的自我發現工具，能處理的問題包山包海，包括：

一、愛與人際關係

我們都渴望愛人，也都想成為群體的一部分，例如家人、朋友、教會或心靈團體。我們渴望歸屬感。當我們在情感中碰到困難，試過一般的方式卻無法解決時，說不定問題的核心存在於前世。藉由前世回溯，觀察我們在這一世和幾百年前處理人際關係的方式有何異同，就能了解自己在跟不一樣的人相處時，所展現出來的潛意識模式與行為。很多時候，你馬上就會發現自己不斷用同樣的方式跟同樣的人相處。發現這一點能為你帶來神奇的領悟，也能帶來療癒和轉變，讓人際關係更加貼近你想要的樣子。如有需要，前世回溯也能讓你堅強放下對你不再有益的情況。它們早就沒用了，只是你的意識一直沒有發現。

我協助客戶處理人際問題的療程多到不計其數。老實說，人際關係經常是個難題，能讓我們得到最多領悟，也能讓我們對自己有最深刻的了解。人際關係一直是焦慮和壓力的來源，前世回溯能提供豐富的訊息，讓你重新認識自己和身邊的人。前世回溯能揭露的隱藏訊息包括：

愛情：跟愛情有關的挑戰，是人們接受回溯治療的主因之一。前世的你如何認識你今生的愛人？探索的動機有好有壞。你們之間可能默契十足，你知道你們早已相識多年，也有可能是因為感情急轉直下，你想找出原因。無論是哪一種動機，前世回溯都有幫助。

親情：無論來自怎樣的背景，家人都是業力的主要來源。分析哪些因素導致家人凝聚或分崩離析，可能對你極為有用。前世回溯也能帶你回到過去尋找答案，改善你今生的家庭關係。

友情：我相信，我們跟朋友生生世世都有關聯，而我們最親近的人、支持著我們的人，通常在前世也扮演過相同的角色。你是否曾經跟一個人甫相識就一見如故？而且就算不常見面，就算分開了好幾年，重聚時卻彷彿歲月靜止、兩人從未分開過？因為你們是生生世世的朋友！

愛自己：人際關係給你體驗愛的機會，但你也可以透過接受和寬容學會愛自己，因為所有的試煉都是幫助我們成長的禮物。有時候，我們對旁人很寬容，對自己卻很嚴厲。前世回溯能讓我們從全新的至高點看待生命，讓我們能在面對人生的挑戰與課題時，輕鬆找出背後的原因。

我深信我們在走入今生之前，已經先把這輩子要學習的課題都安排好了。探索前世的經驗，看看靈魂是否早已學過相同或類似的課題，通常有助於深化靈魂的成長。

其他的人際關係問題：無論是難搞的上司還是校園霸凌，前世回溯都能幫忙處理這些問題，也能促進我們對這些問題的了解。如果你就是沒辦法跟某個人相處，也找不到明顯的原因，或是在某些人開口之前，就已經討厭對方，源頭很可能就在前世。找到問題的起點並努力療癒這段關係，就能夠把煩惱變成好事。

二、健康

失去健康之前，你不一定會注意自己的健康狀況。當你病重到下不了床，生活中的其他事情會突然變得無足輕重。生理健康與心理健康兼顧，才能擁有完整的幸福。健康也是焦慮和壓力的來源之一，面臨健康危機，會產生情緒壓力。疾病通常會有一個情緒源頭，可能是發生在前世的某個事件，找到它就能療癒今生的健康問題，尤其是慢性疾病。前世回溯不可能取代健康觀念或醫療，但可以減輕創傷和焦慮，這些情緒通常是危及生命的情況殘留下來的副作用。

你也可以看看健康問題的能量源頭，從根本上去療癒和改變疾病（亦即身體不適〔dis-ease〕）。若你試過各種方法都無法減輕健康問題，前世回溯能幫助你消除疾病的情緒暗流。

多年前我的朋友過世時，憂鬱的情緒導致我健康惡化。跟許多人一樣，我靠著前世回溯找到真正的釋放。

三、金錢

金錢、安全感、有家可歸……怎麼描述不重要，重要的是如果你在物質上缺乏安全感，正在為下一筆收入甚至下一餐苦惱，必定會感受到壓力、焦慮和憂鬱。無論你是否相信，我們與金錢的關係深植在靈魂中，也深受這輩子的早期經驗影響，包括成長過程與父母的觀念等等。療癒觸發點（trigger）或改變照顧者出於善意灌輸給你的信念，是金錢問題常見的解決方法。但是，若源頭存在於前世，普通的方法並沒有用。

很多時候，你和金錢之間的關係其實跟人際關係很像。我們重複相同的行為，期待會有不一樣的結果，卻沒有意識到難題源自前世。若你能回到前世、做出改變，就可以大幅改善讓許多人今生煩惱不已的金錢問題；藉由改變你對富足與成功的心態，找到新的方法來扭轉思維、增加存款。

四、發揮影響力與生命的意義

既然你正在看這本書，表示你希望過有意義的人生，也想對其他人發揮具體的影響力。我們都渴望活得更有意義，只是沒有明確的方向可依循。前世回溯能揭示靈魂的任務，這是其他方法幾乎做不到的。因為你能窺見自己的過去，找到自己被隱藏的、沒有充分運用的天賦與才能，用它們來激發你的最大潛力。我看過有些人之所以嚴重焦慮，是因為他們更深層的內在相信自己可以活得更有意義，卻尚未做到。這個記憶困在潛意識深處，無法掙脫。前世回溯能幫你釋放記憶，讓你充分發揮潛力，在生命中找到更大的幸福。

五、冒險

冒險精神與熱情是很多人的動力來源，他們想要探索美好的世界，盡情體驗生命。我用法語的「Supretrovie」發明了一個詞叫「超自然回溯」，意思是由旅行、工藝品或其他外在刺激自動觸發的前世記憶。這樣的人我遇過幾百次，他們旅行時來到一個新的地方便主動想起前世，完全不需要催眠。我完全相信靈魂會呼喚我們造訪前世住過的地方。靈魂渴望回到我們前世喜愛的地方，再次體驗安心和熟悉的感覺。靈魂想要療癒很久以前留下的創傷，原因是當年事態的發展令我們失望。在有冒險精神、想探索世界的人身上，前世回溯能加深他們對當前世界的理解，使他們明白自己為什麼會喜歡特定的人、地方及事物。

六、好奇心

令人意外地，好奇心是人們接受前世回溯的主因之一。他們常看到與前世回溯有關的新聞，或是在Lifetime頻道上看過紀錄片，所以對自己的前世感到好奇。你會在討論個案的章節，看到好幾個出於好奇心來找我的客戶。有趣的是，他們很常在療程中發現創傷與焦慮的源頭。其實，宇宙中沒有巧合，也沒有意外。可以說，是客戶的潛意識，加上我也希望他們參加對他們最有幫助的活動，引導他們去發現那些澈底改善人生的、深具改變力量的訊息，而這一切只是因為他們對這樣的過程感到好奇。從更高的層次來說，靈魂安排好的計畫太過宏大，超出意識心智可解釋的範圍。

七、療癒／寬恕

療癒和寬恕涵蓋各式各樣的情況，包括釋放對親人的憤怒與怨恨，在摯愛的人死去後試著放下悲傷、失落感與寂寞，找出疾病的源頭事件等等。你必須願意放下對過去的負面情緒，邁向更光明的未來，才有機會進行療癒。如果我們對過往的煩惱依然心懷怨恨與擔憂，肯定只會加深心中的焦慮感。前世回溯處理這類情況的力量很強大，你很快就會知道。

八、記憶

我之所以喜歡引導別人回溯前世，部分是因為能夠幫助他們找回靈魂記憶。我們都擁有與生俱來的能力，前世回溯能使我們認識自己的潛在能力，在今生好好利用天賦。

＊＊＊＊

關於你自己，無論你想知道任何事，幾乎都能透過前世回溯來處理，這是真正能夠帶來轉變的訊息泉源。也因為宇宙中沒有意外，你需要的訊息，會在人生中對你有利的時間點出現在你面前。

如何進行前世回溯？

關於前世回溯為什麼效果這麼好，我有以下幾個看法：

主觀vs.客觀

你在現實生活中經歷大小事件時，你親眼看見這些事件，與這些事件直接相關。但是透過催眠回到過去時，你是從嶄新的視角看待這些事件，彷彿漂浮在空中俯視它們，也像是看演員在舞台上、電影中演戲，或是隔著電腦螢幕旁觀。這種遠距的視角與事件無關，你可以從這樣的視角獲得新的觀點與解脫。

影片倒帶

根據現代心理學，短期記憶只能一次記住七組數據。[2]稍微想一想，你就知道這是真的。如果我問你一個特定的問題，你可以搜索記憶庫，找到答案，把答案放到心智的

---

❷ G. Miller, "The magical number seven, plus or minus two: Some limits on our capacity for processing information." *The Psychological Review* 63: 81–97, 1956.

最前端，然後說出答案，但是在你取出記憶之前，免不了要搜尋一番。

你在任何一世看見的每一件事，都儲存在潛意識心智的深處。那就像一個珍貴的影像資料庫，儲存你的靈魂在活過的每一世中做過的每一件事。重點是如何倒轉這些內在記憶的影片，回到事件發生的時刻。理論上，源頭事件可能發生在昨天，發生在你小時候，或是昨天跟小時候之間的任何一刻。如果搜尋今生記憶對你沒有幫助，這表示你要多倒帶一點，超越意識，回到前世。

為什麼我們不記得前世？

你不會有意識的記住前世經歷，因為大部分的靈魂都同意跳入古希臘人口中的「忘川」（River of Forgetfulness）。當你化身為人時，你的靈魂決定進入這所生命的學校，學習各種早已安排好的靈魂成長課程。這些成長之所以如此深刻，部分是因為你事先同意把前世忘得一乾二淨，才能享受自我發現之路的種種挑戰。

意識心智vs.潛意識心智

你的意識分成兩個部分：意識心智與潛意識心智。意識心智處理日常生活，由你的自我（ego）或自我認知以及你身處的三維世界構成。

你的潛意識心智是前段討論過的前世記憶資料庫，不同於之前提過的集體無意識，潛意識負責儲存的是個人記憶和資訊，不觸及社會整體。另一個遺忘前世的原因，是你的潛意識心智相信，長期而言想起創傷對你有害無益。為了維護你的「安全」，它壓制住不愉快的記憶，把它們藏在無限的心智資料庫深處。在某種程度上，這是好事。如果我們時時遭受負面情緒轟炸，要撐過一天都會感到艱辛，更何況是一輩子。

但是當過多受到壓抑的記憶開始溢出，慢慢湧入清醒的現實中，這時就會出現問題。它們的呈現方式包括疾病、焦慮或憂鬱。

當未表達的情緒在心理表層底下蠢蠢欲動時，可能會導致疾病與「不適」。身體會設法排出這些能量，而排出的方式通常都令人極度不舒服。相信我，這是真的，我親身經歷過。

多年前我的朋友過世時，我決定對悲傷視而不見，結果健康開始惡化，逼得我不得不直面悲傷。因為有過這段歷程，我才決定從事療癒和催眠治療。我進入自己受到壓抑的情緒之後，發現它們並不可怕，於是我的身、心、靈就這樣慢慢獲得療癒。

關於恐懼，有件事跟我們想的不一樣。我們以為再次經歷某個事件會很可怕，而且如果真這麼做的話，將永遠無法脫身。事實上，剛好相反。當你提起某件不愉快的往事時，你可以重新定義和療癒你的負面情緒。然後，這個舊的記憶就會消失。一味壓抑，這些我們不願意面對的事情將一輩子糾纏我們。

我的客戶卡蘿就是個好例子。她每回靠近隧道，無論是開車或是搭火車，都會感到莫名恐懼。她第一次回溯時說自己什麼也沒看到。後來她才坦承：「有一剎那我看到一條隧道，但馬上就陷入一片黑暗。」

很多人在催眠回溯的時候，都會說自己什麼都沒看到，直到後來才承認看過一些閃現的畫面。他們以為這些頓悟沒有意義，或是不願在課程中解釋太多細節。為什麼呢？因為潛意識心智會抑制你還沒準備好要接收的訊息。隱藏的記憶何時浮現，取決於你是否需要知道這段記憶。

這是我的親身經歷，我第一次回溯前世的時候，也發生過同樣的情況。我看見的閃現畫面是塵土飛揚的路上有一雙牛仔靴，然後就沒了。幾年後，我第二次回溯。最初看見的閃現畫面才終於展開，我經歷了一段完整的前世，並獲得極有用的資訊。稍後，我將在書中分享這段經驗。為什麼會這樣？除了潛意識心智之外，心靈嚮導和高我也會阻止我們打開不應開啟的門。此外，人類的意識就像一顆洋蔥。一層層剝開這顆意識洋蔥的我們，會在準備好接收答案的時候得到答案，不早也不晚。正因如此，我們不需要對前世回溯感到恐懼。

還有一件事能證明催眠一定安全：在催眠的過程中，腦波會從清醒狀態的β波，進入深層的α波或θ波狀態。在這兩種狀態中，我們可以取得有療癒力的、受壓抑的記憶。催眠過程中，情緒完全在你的掌控之內。你能夠隨時停止催眠。跟清醒時的你相比，處於催眠狀態的你更容易取得失去的記憶片段，因為緩慢的腦波可以強化覺察。

之後我會詳述當卡蘿的高我準備好接收資訊，她在探索自己的隧道恐懼時發生了什麼事。現在我只想說，這些年來我看過各種情況。我知道碰到無法合理解釋的各種身心問題時，非常有可能是源自前世的能量延續沒有獲得療癒。療癒它，它就不會繼續在你的日常生活中作亂。

從受害者變成勝利者

催眠與引導意象能帶領你回到過去，找到事件的根源，療癒並理解情況。催眠治療改變了我的生命，也大幅改善了這些年來我幫助過的幾千位客戶。我相信它也能幫助你。

碰到令人苦惱不安的事情時，多數人的態度是把自己視為受害者，只能任由命運和壓迫者的擺布。我也曾經相信那一套，但我發現它並不管用。

只要你採取具體行動擺脫你認定的威脅（就算只是在腦海中謀劃），就能掌握未來的命運，蘊聚內在力量。你在腦海中形成的想法與畫面也是真實的，你的大腦無法區別三維宇宙的真實和想像畫面的真實，帶著這種充滿力量的全新感受去重現創傷事件，能使你掌控並主導你對事件的想法，進而獲得扭轉人生的能力。

化業力為助力

知道自己從各種困難中得到哪些領悟，如何在這一世運用這些領悟，以及如何利用自己所知道的事來改善現況甚至幫助他人，是一件至關重要的事。明白自己為什麼選擇某一段特定的經歷，並且因此得到成長與收穫，真正的轉變才會發生。

看看晚間新聞就知道了。最近有一名罹癌的小女孩成為新聞人物，她走過艱辛的抗癌之路後，現在她為其他癌童募捐金錢與物資，提升公眾對癌童的關懷。她將苦難化為幫助他人的具體力量，因為她把心智上的個人旅程融入精神上向前的動力。負面的狀態轉變成幫助他人的工具。她把業力變成助力，也就是有益他人的能量。我希望我們每一個人在療癒的路上，都能做到這件事。

能夠做到對艱難的時刻心懷感恩，明白此刻的能量將來能用來助人，這就是最珍貴的收穫。在我對輪迴轉世的信念中，化業力為助力是實用的觀念。悲劇時時都在發生，但是當你把困難的能量用來做更有意義的事，生命將變得不可思議。

第二章

相信就有奇蹟的RELIEF療法

前世回溯的目的是改變你看待現實的方式，藉此減輕痛苦。RELIEF是我發明的縮寫詞，這六個字母含括催眠後回溯前世，改寫個人歷史，從而在今生活得更加心安。

RELIEF代表以下六個階段：

一、辨識，**Recognize**：辨識出焦慮或創傷的源頭，回到事件發生的起始點。

二、消除，**Eliminate**：釋放源頭事件帶來的恐懼或焦慮，消除情緒負擔。

三、照亮，**Lighten**：利用療癒和震動，照亮特定事件的能量頻率。

四、融合，**Integrate**：從過往經驗中得到領悟，藉此將新的高頻能量與身、心、靈融合在一起。

五、灌注能量，**Energize**：灌注能量給與事件有關的內在思想、領悟與全像思想形式，使它們不再應和低頻的恐懼、壓力和焦慮。

六、未來，Future：走進現世的某一個未來場景，在這個場景中，問題都已解決並獲得療癒。把那股能量帶回到此時此刻，用全新的視野繼續向前邁進。

接下來，讓我們逐一討論這六個觀念。我會解釋為什麼RELIEF能夠大幅減輕焦慮、創傷、壓力和憂鬱。

一、辨識

辨識出焦慮或創傷的源頭，回到事件發生的起始點。

澈底消除焦慮的唯一辦法，就是有勇氣找出並清除真正的源頭事件。幫花園除雜草是很好的比喻。你當然可以不斷割除地面上的雜草，但除非連根拔起，否則雜草一定會長回來。處理焦慮也是一樣，源頭事件位在前世的某個地方，那是創傷感受與反應的起始點。一旦你找到它，並且在起始點處理它，就有可能扭轉局面。找到根源聽起來容易，做起來不一定輕鬆。有時你以為我們知道你對某一個事件為什麼會有這種感受，但是進入催眠後，有了潛意識的浩瀚泉源供你取用，你會得到出乎意料的洞察。後面會介紹好幾個類似的案例。客戶原本以為問題源自童年，後來才突然發現，真正的問題發生在幾百年前。

回溯前世、直面恐懼，聽起來很難。但進入催眠的你處於心智的安全區，你可以放心用不同的視角看待這些事件，並因此有機會全面療癒。在回溯過程中，我會引導你進入一個安全區，你將在這裡建立一個保護罩，讓你安全回到起始點。療癒了從前世到今生的所有事件之後，你會立即改變。科幻電影裡經常出現一個橋段：若是你改變過去，導致你的祖父從未出生，你就會消失。同樣地，當我們回到過去療癒源頭事件，無論是把它們變得更正面，還是澈底消除它們，焦慮的源頭都會被更正面的東西取代。而這一切靠的都是心智的力量。

二、消除

釋放源頭事件帶來的恐懼或焦慮，消除情緒負擔。

找到源頭事件後，你就能發現並消除與事件有關的情緒負擔，然後展開轉變。舉例來說，如果你經歷了一段很痛苦的感情（這種經驗大家都有過），激烈的爭吵或衝突使人心情鬱悶，造成痛苦的情緒負擔。過一段時間之後，你的心情慢慢變好，但這是因為潛意識為了讓你遺忘而把痛苦藏起來，催眠或心理治療幫你追溯源頭。這份痛苦仍在心智底層流動，在人生的某個時刻，這些過往的感受會再次湧現。你可以透過想像力消除與特定事件有關的情緒負擔，少受好幾年的情緒折磨。

另一個例子是電器插頭。插頭故障時，你必須檢查並重設斷路器，先暫時關掉總開關，然後重新打開。情緒迴路陷入負面情緒與衝突的泥沼時，你的身體也會漸漸出狀況。你有沒有看過一整串耶誕燈飾突然不亮？只要揪出燒掉的那一、兩顆燈泡，就能讓一整串燈飾繼續發光。換上新燈泡，或是找到斷路器重設迴路，都會改變特定事件，也意謂著你已重新定義眼前的情況，恢復燈飾的正常功能。催眠能幫助你找到造成混亂的微小因素，你可以在清除這些因素之後，繼續邁步向前。

當然不是所有的前世都充滿艱辛，只是今生出現焦慮、憂鬱、創傷等現象，通常都是因為負面因素或事件導致前世變得艱辛。無論你對前世有怎樣的情緒：恐懼、憤怒、悲傷甚至極度喜悅，只要你能超越這些感受，取得全新視角，就能療癒情緒牽絆，創造永續的改變。

我的客戶回溯源頭事件時，我經常引導他們見證自己死亡或受到傷害的過程，包括身體與情緒上的傷害。他們旁觀事件過程時，我請他們特別注意身體與前世事件或人物之間的能量連繫。肉眼看不見能量連繫，但它們確實存在。切斷這些能量連繫，就能展開療癒。為自己的人生難題負起責任，用直面挑戰的方式解決挑戰，改變就有機會發生。繼續讀下去，後面會告訴你切斷能量連繫的方法。

三、照亮

利用療癒和震動，照亮特定事件的能量頻率。

我幫助客戶的方式，是能量療癒與前世回溯雙管齊下。如果與某個情況或事件有關的能量很沉重，我會將療癒之光引導到那一區。把低頻調整成高頻，你不想要的影響就不會繼續與新的高頻震動共振，這些干擾也會自動消失。

你可能聽過「意念即實物」（Thoughts are things），這句話一點也不假。記憶含有能量，也就是說，我們所有的記憶都含有無形而真實的能量，無論這記憶來自前世或今生。當我引導你進入前世、你以口述的方式回憶特定事件時，為了澈底改變情況，你必須處理前世的能量思想形式。我稱之為「思想形式」（thoughtform）的東西就像一顆能量球，它代表一段記憶。例如，如果我請你回想小時候玩過的一件玩具，在心裡凝視它，你或許會想像它就在你面前。你會看見它的樣貌，想起它的質地與觸感。同樣地，前世回憶也可以被召喚並占據肉眼看不見的物理空間。這些看不見的能量場必須轉移，當初的情況才能獲得根本的療癒。

以下雨天為例，天空原本烏雲密布，大雨傾盆。接著風來了，吹走烏雲，驅散黑暗，天空灑下陽光。照亮事件也是類似的過程，只不過這一切都發生在心智的能量層面，這一招用來扭轉令人不愉快的情況特別有效。

四、融合

從過往經驗中得到領悟，藉此將新的高頻能量與身、心、靈融合在一起。

化身為人的我們，是選擇體驗物質世界以獲得成長與學習的靈性存在。因此，我們可以透過照亮事件來改變自己的能量頻率。靈魂必須找到並承認自己的課題，才能獲得成長。

雖然身體占據物理空間，但其實我們都是能量。我們的能量場能夠以身體為圓心，擴張九公尺。我在教授能量療癒時，會把無限擴張的能量場切成三份：身、心、靈。各種記憶與阻礙被困在這三塊能量場中，若不清除，會慢慢對我們造成嚴重傷害。這些年來，我發現光是一邊回溯前世一邊口述還不夠。討論前世記憶，在理智上接受靈魂發展的各個面向，這麼做確實很重要。但是完成之後，我們必須提高相應記憶中無形面向的震動頻率，感受到相應的能量變化，才能帶來可長可久的改變。

除了改變與事件有關的思想形式（或能量構成），另一種提高能量頻率的方法，是確認靈魂在過往事件中的領悟，以及這些事件現在如何影響著你。生命可能充滿挑戰，這一點我們都知道，但就算是最困難的情況，也能使靈魂有所成長。明白每件事的發生都有原因，能幫助我們接受這些挑戰，把它們融入我們的存在，讓我們能從中獲益。業力是過往事件的總和。當我們能夠利用過往來幫助靈魂學習、幫助他人，就能化業力為助力，亦即有助益的能量。在我們明白就算是最痛苦的情況也對我們有益的那一刻，能量頻率會立即上升，創造永續的改變。

五、灌注能量

灌注能量給與事件有關的內在思想、領悟與全像思想形式，使它們不再應和恐懼、壓力和焦慮的低頻。

你或許聽過「感知即真實」（Perception is reality.）這句老話。此言不虛。前面討論過照亮過往事件，完成後，能量的頻率與震動都會升高，尤其是在光體內部。

你的肉體軀殼內有一顆無窮盡的光球，那是你的心靈或靈魂。在療癒的過程中，這個光體的每一個層次都與身、心、靈息息相關。當你處理自己的領悟，提高這道光的頻率，掃除身、心、靈的能量阻礙之後，就能達到永續的改變。療癒後的新環境中，將不再有憂鬱、創傷和焦慮。

走完RELIEF療法，你的能量場將充滿能量，而這個步驟會把能量場轉變成支持新想法、新領悟與新決定的力量。

六、未來

走進現世的某一個未來場景，在這個場景中，情況都已解決並獲得療癒。把那股新能量帶回到此時此刻，用全新的視野繼續向前邁進。

若要確定你想要的改變已完成，最好的驗證方式是走進今生的未來，去看、去感受，成為享受生命與喜悅的自己，親自確認問題已成過去式。現在即是永恆，正因如此，你才能走入現世的未來，看一看心想事成的自己過得如何。

我把這個步驟視為靈魂的逆向工程。舉例來說，假設我們想製造跑車並了解汽車的運作方式，可能的話，拆解一輛現成的車、了解它的內部構造，會使製造跑車變得更加容易。你的靈魂之旅也一樣。因為沒有不可能的事，你當然可以前往現世未來的某一個美好的事件，看看你如何創造出你想要的結果。前往現世的未來記憶，看見自己過著快樂、健康、理想中的人生，你的靈魂就可以輕鬆拆解創造改變的每個步驟。在你結束未來之旅後，你也可以朝著相同的方向，為人生創造更大的喜悅。

你從未來獲得的訊息可能非常明確而詳盡，若你記下通往理想的步驟，並決心在回溯結束後遵循自己的建議，你將會看見無比正向的改變。你的內在擁有源源不絕的力量和資源，跨出這一步將使你擁有能力去創造你想要的人生，把過往用來提升你自己、你身邊的人，甚至全世界。乍聽之下很矛盾，但未來是前世回溯的關鍵。如果沒有具體的好處，我們何必費心尋找答案？當然，知道自己的前世很有意思。但真正的收穫在於掌握這些資訊，把今生活得淋漓盡致。

RELIEF療法的真實個案：瑞秋

第二部會有幾個有趣的個案，都是曾受過RELIEF療法幫助的客戶。在介紹個案時，我不會一一詳述回溯步驟，因此這裡先用瑞秋的故事說明RELIEF療法的進行方式。別忘了，為維護個人隱私，個案的姓名與個人資訊都是假的。以下是瑞秋的故事。

找到源頭事件

瑞秋極度害怕黑暗，她接受過多年的傳統治療仍無法克服恐懼。透過前世回溯，她回到十八世紀的美國鄉村，成功找到源頭事件：她在黑暗中跌下樓梯摔死。

消除情緒負擔

為釋放這場意外造成的情緒負擔（也就是瑞秋的恐懼），我請瑞秋從事件中抽離，切斷她與意外受害者之間的能量連繫。你將在第二部看見許多類似的例子：客戶先承認他們與自己反感的事件之間有一條光的連繫，然後再與這些事件切斷連繫。進入第三部時，你將有機會親身體驗。

照亮過往事件

瑞秋與前世的自己切斷連繫之後，我傳送能量幫助她療癒當時的震撼。過程中，我們討論了前世與她的今生無關。我也請她想像一道明亮的療癒之光，驅除了她害怕的黑暗。我們持續深談，直到她表示情緒已有改善。

心理融合

知道現在的自己沒必要被前世的事件影響，當然是件好事。但瑞秋終歸得靠自己處理這些訊息，並接受自己不需要害怕黑暗的事實。融合指的是心理上的理解，必須轉化為實際經驗。我跟瑞秋談到安全感，也詳細討論了她的前世沒必要影響今生。她一邊消化這些訊息的同時，我不斷為她傳送能量，直到產生改變。

灌注能量

進行這個步驟時，瑞秋必須想像自己沐浴在療癒之光中，身體裡的每一個細胞都很放鬆，也都切斷了與恐懼之間的連繫。瑞秋的回應是我療癒時的唯一依據，在她開口讓我知道情緒已有改善之前，我靜靜等待。

走進未來

我只知道一種方法能確認客戶是否已完成他們想要的改變，那就是引導他們走進未來。我請瑞秋進入今生的某個時刻，在那個時刻裡，她能看見並感受到自己已經不再懼怕黑暗。瑞秋取得一段未來記憶，那時她單獨身處在黑暗中，心中毫無畏懼。於是我知道，療癒已經完成。進入未來是RELIEF療法的關鍵步驟，因為客戶必須親身感受到不一樣的結果，才能相信自己真的改變了。這是瑞秋的親身經歷，你當然也做得到。

總結

只要你相信回溯時經歷的一切，並且在療程結束後能帶著新視野繼續前進，奇蹟就有可能發生。為了達成永續的改變，你必須釋放前世的創傷，得到領悟，然後走進未來看見活得更好的自己，因為你已徹底克服引發焦慮的事件，這是很強大的改變。前世回溯最大的好處是，當你處於催眠狀態時，你可以有意識的記起各種細節。催眠結束後把這些細節寫下來，你可以輕鬆回想靈魂的領悟，還能利用催眠時獲得的訊息擬訂行動計畫，創造你想要的人生。我將在第三部一步步引導你記錄催眠時獲得的訊息，幫助你充分利用療程。當你知道解脫就在眼前，也在自我療癒的過程中，感受到新信念的效果與好處，你將能夠實現任何目標。結束前世回溯，學會如何在今生一步一步創造充滿力量的未來之後，能夠帶著勇氣前進，實現計畫，才是成功的關鍵。

第二部

前世業力對今生的影響

生活在這個星球上，你必定曾在某個時刻感受過焦慮與恐懼。這是人性的一部分。正常情況下，大家都承受得住偶發的輕微壓力。但是當焦慮變得極度巨大、極度痛苦或持久不散，生活可能會因此失控，變得窒礙難行。

佛教說，眾生皆苦。有些人的苦難比較明顯，例如肢體障礙；有些人的苦難表面上看不出來，例如焦慮、創傷、憂鬱，現代社會有太多人承受著這樣的痛苦。幸好美國精神醫學協會已正式承認好幾種焦慮疾患，過去被汙名化的病症現在不再令人感到羞恥。

有焦慮症的人非常多，但我知道很多人完全沒有尋求協助。或許你也是如此。希望看完其他人求助的過程，你會覺得自己並不孤單，而且就像這裡分享的個案一樣，你也能擁有更明亮的未來。

接下來我將分享幾個精彩的個案。他們都是普通人，但是前世回溯幫助他們改寫自己的人生故事、釋放不為人知的痛苦並獲得療癒，他們因此學會用不同的視角看待世界。再次提醒讀者，為了保護個案隱私，以下的人名都是假名，並且刻意不提及個人資訊。

我將在第三部提供你可以自己嘗試的消除痛苦練習。現在，先讓我們看看幾個實際個案。

第三章

各類型恐懼

我可以大膽斷言，每個人都有害怕的事物。例如害怕搭飛機、害怕深水或害怕蜘蛛。就連印第安那．瓊斯（Indiana Jones）也怕蛇怕得不得了，這很正常。事實上，有些恐懼合情合理，而且會藉由DNA代代相傳，目的是保護你，但若是恐懼變得失控，可能會害你無法盡情享受人生。

恐懼症

一般的恐懼可能會令人身心俱疲，慢慢演變成恐懼症。根據美國精神醫學協會《精神疾病診斷與統計手冊》（*Diagnostic and Statistical Manual of Mental Disorders*）的定義，恐懼症是「接觸特定物品或情況時，感受到強烈恐懼或焦慮」。

經驗告訴我，多數人都遭遇過造成極度痛苦或恐懼的經驗。我四歲時曾被狗攻擊，所以我對狗有恐懼症。這場消除恐懼的旅程後來變成一輩子的挑戰，也確實像個旅程。恐懼不會一夕之間消失，但隨著時間、隨著我澈底改變思維，加上前世回溯療程，我的情況慢慢好轉。相信你也做得到。

你小時候或許經歷過創傷事件。小孩子對一切都抱持開放態度，也因為如此，創傷事件才會對他們長大後的行為造成嚴重影響。在你做好準備的時候，回溯創傷的源頭（包括今生的創傷）可帶來很多助益。

這些年來，我有很多客戶都靠前世回溯克服了恐懼症。恐懼的源頭當然有可能在今生，例如我被狗攻擊的經驗。但是靈魂很複雜，經常需要更深層的療癒，就像接下來介紹的個案一樣，他們都成功克服了自己的恐懼。

卡蘿的隧道恐懼

我在本書的一開始提過卡蘿的故事，無論是自己開車還是搭火車，她就是很害怕進入隧道。進行第一次前世回溯時，卡蘿說自己什麼都沒看到，後來才坦承她有看到自己身處在一個陰暗的地方，但畫面一閃而過，馬上就變成一片黑暗。這種情況很常發生。第一次進行回溯不一定會有收穫。催眠跟在健身房鍛鍊肌肉一樣，愈常練習，就愈容易進入狀況。稍後我會教你在家練習的方法，幫助你鍛鍊你的催眠「肌肉」，慢慢獲得更多洞察跟療癒。

第一次回溯什麼都沒看到很正常。會發生這種情況，一定事出有因。可惜的是，有些客戶可能會因此澈底放棄，不再追尋恐懼的根源，因為他們以為自己無法被催眠，無法進入前世，或是根本沒有前世。我發現，他們想錯了。他們很有可能擁有前世，只是還沒準備好接收這些資訊。記憶會在適當的時刻浮現。你只能不斷嘗試，當你準備好的時候，神奇的療癒就會發生。

這是我的親身經歷。我第一次前世回溯的時候，只看到一雙牛仔靴的閃現畫面，沒有任何解釋，也沒有任何洞察。於是我決定放棄前世回溯，過了好幾年才又重新嘗試。令我驚訝的是，第二次回溯時，我收到跟幾年前那雙牛仔靴有關的洞察，原來那雙牛仔靴是一個重大生命事件的關鍵因素。我的一位好友健行時死於意外，九年過去了，我依然沒有走出悲傷。我發現他前世是我的妻子，有天我不在家，一群土匪殘殺了我的妻兒。那雙牛仔靴是我的，我第二次回溯時看見了更多細節。我走進當時的家，得到療癒悲傷的答案。早知如此，我應該早點進行第二次回溯，這可以讓我少悲傷幾年。不過，我深信每件事都會在它應該發生的時候發生。遺憾的是，（姑且稱之為）老天爺的安排通常比較花時間，心急不得。

正因如此，看見卡蘿這麼快就回來再次回溯，我非常開心。她承認第一次回溯時有看見東西，這意謂著她的靈魂與高我已做好療癒的準備。記住，你的潛意識一直在保護你，所以你一定要溫柔對待自己，允許記憶和療癒依循它們自己的步調展開。卡蘿就是一個好例子。我們碰面進行第二次回溯時，她提到上次離開後，她的生活起了變化：

「第一次回溯雖然沒看到什麼東西，但回去後我經常作夢。我沒辦法轉述那些夢境，因為我剛醒來時明明記得，但起床後就全部忘光。早知道就立刻把它們寫下來，但我終究沒寫。雖然不記得，但我知道這些夢都跟隧道有關。這只是一種感覺，我的心智在我睡著的時候忙著釐清思緒，應該可以這麼說吧。我知道這聽起來有點瘋狂。」

卡蘿的敘述在我聽來再正常不過。潛意識心智會在你睡著的時候為你梳理細節，幫助你做好準備，使你能在清醒的三維世界處理新資訊。她返回這場旅程，一步步回溯前世的時候，洞察為她敞開，她收到了與恐懼有關的回答：

雪莉．凱爾（以下簡稱雪莉）：你被療癒、守護的光芒圍繞，你很安全，請回到使你害怕隧道的源頭事件發生的當下。仔細感受，你在什麼地方？

卡蘿：南美洲。

雪莉：哪一年？

卡蘿：（態度遲疑）一八〇〇年代？我不確定。

雪莉：很好。你在一八〇〇年代的南美洲，當時發生了什麼事？

卡蘿：我很貧窮。我們住在山裡。

雪莉：你是男人，還是女人？

卡蘿：女人

雪莉：你獨自一個人嗎？還是跟其他人在一起？

卡蘿：我跟很多同村的人在一起，我們走在森林裡的小路上。

雪莉：感受一下同行夥伴的能量，有沒有你這輩子也認得的能量？有或沒有？

卡蘿：沒有。

雪莉：從那一刻開始快轉，看看你們會走到哪裡。記住，守護的光芒圍繞著你，只有對你最有幫助的東西才進得來，仔細感受接下來發生的事。

卡蘿：我們走進一個洞穴，裡面有我們需要的東西。男人走向洞穴深處，他們叫我們在原地等待。他們走了，我跟幾個女人和小孩一起等待。外面開始下雨，很冷，我們為了驅寒所以往洞穴裡走……喔！

雪莉：怎麼了？

卡蘿：我聽見隆隆聲響。

雪莉：是雷聲嗎？

卡蘿：不是，聲音來自洞穴深處。我們做了錯誤決定，跑向發出聲音的地方，也就是洞穴深處，我們想知道其他人是否平安。

雪莉：守護的光芒包圍著你，現在快轉到下一個重大事件發生的當下。

卡蘿：洞穴崩塌了！到處都有泥土跟石塊落下。我們逃不出去！洞穴裡的每個人都被壓死了。（情緒激動）很可怕。

雪莉：回到你生命結束的那一天，仔細感受你往生的過程。

卡蘿：我的頭被砸到，昏倒之後窒息而死。除了恐懼之外，我沒受什麼苦。其他人的境遇更慘。

雪莉：非常好。慢慢往上漂浮，漂到兩世之間的寧靜空間。留在那個地方。你很安全。想像你的嚮導將療癒之光灑在那些事件上，非常療癒而平靜，為那個洞穴帶來祥和。如果你覺得好多了，請告訴我。

卡蘿：（片刻之後）好了。

雪莉：你從南美洲的那一世，得到什麼領悟？

卡蘿：不惜一切代價保持忠誠。如果我們不那麼忠誠，我們會逃出洞穴，而不是往洞穴裡跑。那樣我們就可以活下來，但少了會打獵和保護我們的男性，我們會活得很辛苦。

雪莉：你後悔嗎？

卡蘿：不後悔。

雪莉：那段人生跟你現在的人生，有什麼關聯？

卡蘿：你知道我在工作上碰到一些問題，我好像對不值得忠誠的人太過忠心耿耿。現在我面對的不再是生死攸關的情況，對這一世的我來說，我必須及早逃走才能自救。

上一次回溯的時候，卡蘿說她沒有看見任何前世的畫面。她最初來找我不只是為了找出隧道恐懼的源頭，也是因為她的上司是一個道德操守低落的人，做了許多與她的價值觀相牴觸的事情。她覺得自己深陷泥沼，害怕走了就找不到工作。

雪莉：洞穴中發生的事，跟你害怕隧道有什麼關聯？

卡蘿：我一直以為我害怕隧道，是因為我這輩子從不去山區。我告訴老公我不喜歡露營，那樣的地方我完全不想去。他偶爾會帶孩子去爬山，我會留在家裡。隧道使我想起洞穴，但現在我知道自己沒有理由害怕隧道。

雪莉：你確定生活在南美洲的這一世，就是你這輩子害怕隧道的源頭事件嗎？

卡蘿：非常確定。

雪莉：很好。請往今生的未來移動，找到一個你很幸福、健康、能安心開車穿過隧道的事件，停留在那個時刻，仔細感受。

卡蘿：那是距離現在好幾年後的事了。車上有我跟老公，我們開車走在蜿蜒的山路上。

雪莉：你覺得怎麼樣？

卡蘿：很開心。我以前沒有跟他一起去過這樣的地方，孩子們託付給我爸媽照顧，我們兩個一起出去玩，做一些跟平常不一樣的事情。

雪莉：非常好。接下來發生什麼事？

卡蘿：前面有一條隧道。我看見我們的車開向隧道，但是我沒有發抖，也不害怕。我覺得很好。

雪莉：你有穿過隧道嗎？

卡蘿：有。

雪莉：很好。請繼續往前開，穿過隧道、抵達另一頭之後，請告訴我。

卡蘿：隧道愈來愈近，但我一切如常。我看見這條隧道的天花板跟牆壁都鋪了磁磚，隧道裡有幾盞燈，所以不是全黑的。我們進入隧道，有一輛車從後面超車，它的車頭燈是亮的。我覺得很開心。我很驚訝，我們已經開到另一頭，隧道一下子就走完了。喔！隧道另一頭很漂亮。我們進入一個翠綠的山谷，有很多小木屋和美麗的樹木！

雪莉：你現在感覺如何？

卡蘿：有點後悔我沒有早點克服恐懼。我以前錯過了很多美好的地方，因為恐懼使我哪裡也不敢去。我期待未來能多多旅行。

雪莉：從這個未來的山區之旅回溯過去，想像你還記得以前的生活，感受一下你是否仍在同一家公司上班。

卡蘿：沒有。療程結束後，我馬上就離職了。

雪莉：非常好。你離職後，發生了什麼事？想像你應該知道，因為這裡是未來，這些事情都已發生過了。

卡蘿：療程結束後沒過多久，我向公司遞出兩週後離職的辭呈。離職後，我沒有工作。但我跟幾個鄰居聊過之後，其中一個鄰居幫我介紹了新工作。我不用說前雇主的壞話，真是太好了。我向新的上司要求更好的工作時數與薪水，他都答應了。

雪莉：未來的你知道你在喜歡的地方工作，用更輕鬆的方式看待世界，穿過隧道造訪新的地方，有怎樣的感覺？

卡蘿：人生很美好。一切都變得更好了。

雖然卡蘿後悔自己沒有早點處理隧道恐懼，但她是在做好準備的時候才接收到屬於她的洞察。她讓自己有力量找到新工作，同事都是跟她擁有相同價值觀的人，這使她過著快樂的生活，而且能夠掌握自己的處境。療程結束後，我們聊過幾次。我很高興，因為卡蘿完成了療程並做出改變，雖然這些改變出乎她的預料。

「我確實離開了那家公司，但我不是立刻走人。在現實生活中我做不到，因為我太需要那筆收入。我問了幾個鄰居，看看有沒有人知道任何工作機會。其中一個鄰居的朋友為我介紹了現在的工作。療程結束的幾個月之後，我才終於遞出辭呈、換了工作。我目前還沒有機會穿越隧道，所以我不確定恐懼是否已經消失。不過我換了工作，現在也過得比較開心，我覺得未來一定會有好事發生。」

雖然卡蘿在未來回溯時看見的情況，在現實生活並未實現，但是她在融合了新的洞察之後確實過得更加幸福，這才是最重要的事。我們每一個人該做的事，就是在生命的道路上盡最大的努力，一步一腳印的持續前進。

艾胥莉的車禍焦慮

在隧道這個主題上，我也曾幫助過另一位客戶，她叫艾胥莉。我跟艾胥莉是在一場團體回溯療程上認識的，她說自己極度害怕在暴風雨或惡劣天氣中開車。

需要深層療癒的問題，很容易在團體療程中以碎片的形式浮現，艾胥莉就是這樣。她描述了她在團體療程中的經歷：

「我看見隘口發生車禍的畫面一閃而過，時間是一九五〇年代。我覺得我必須透過完成的回溯療程，澈底搞清楚這件事。因為自從我的男友（現在的丈夫）試著帶我去科羅拉多州滑雪之後，我就一直對開車感到焦慮。當時我不但在路上哭了出來，而且情緒失控。我知道他以為我瘋了。發生那樣的事他還願意跟我結婚，我很驚訝。不過我告訴他，我再也不去滑雪。就算我們能搭飛機去丹佛，到了之後還是得開山路。我不願意，也做不到。我甚至嚴重到只要下雨就不肯走出家門。我知道他希望我別這麼固執。我們兩個都很喜歡滑雪。」

在我們的一對一前世回溯療程中，艾胥莉第一次就找到焦慮的源頭。

雪莉：你在哪裡，發生了什麼事？

艾胥莉：歐洲的某個地方，時間是一九五〇年代早期。我在一輛車上，我是乘客。路很滑，有雨水也有冰雪，我們即將進入隧道。隧道裡有一段路非常濕滑，我們的車打滑衝到對向車道，迎面與卡車對撞。我們兩個都當場死亡。

雪莉：離開那具身體、那一世人生，漂浮到兩世之間的寧靜空間中。允許療癒之光往下移動，籠罩發生在隧道裡的那些事件，融化所有的恐懼與創傷。你從一九五〇年代的那一世人生中，得到什麼領悟？

艾胥莉：謹慎行事。

雪莉：這對現在的你有什麼影響？

艾胥莉：我謹慎過了頭。小心謹慎沒有錯，但不該因此犧牲享受生命的機會。人終須一死，沒人逃得過。不管我願不願意，當時的我大限已到。時候未到的人不會死。死不足為懼。我必須享受人生。

雪莉：慢慢來到這一世，來到一個天氣惡劣而你正在開車的時刻。想像正在開車的你心中毫無畏懼。那是哪一年？

艾胥莉：今年冬天。路很滑，正在下雨，但還沒開始下雪。我正在煮晚餐，但忘了買一樣東西。我打給我老公，想請他下班回家時順道去買。他沒接電話，所以我自己開車去買。

雪莉：你有什麼感覺？

艾胥莉：我覺得很舒服。我把車開到商店外，走進店裡，買了我需要的東西，然後平安到家。

雪莉：好棒！

艾胥莉證明了你只需要幾個全新的洞察，就能改變思維模式，進而展開新的人生。我後來碰巧遇到她，她說療程結束後的她有幾個重要的變化。

「我依然儘量避免在惡劣天氣下開車，但現在我活得比之前更自在。我不會因為下雨就躲在家裡。療程結束後我變得更快樂，人生也更開闊。現在我是真正的心平氣和。」

擁有走出家門、享受人生的自信，是每一個接受前世回溯的人都想達成的目標。我以艾胥莉為榮，她能夠接受內在智慧，把前世的經驗轉化為成長的契機。人們經常對自己過度嚴厲。我們都會犯錯，也可能因此損失寶貴的時間，但只要你做出了改變、讓自己變得更好，就應該讚美自己的改變，而不是哀歎逝去的機會。生命是一所學校，只要你肯學習與成長，就能如願。艾胥莉善用她對靈魂之旅的新洞察，讓生命變得更加遼闊。

莎拉的蜜蜂恐懼

害怕蜜蜂的人不少，而且這種恐懼理由充分。引發嚴重過敏反應的蜂螫足以致命。莎拉是二十出頭的年輕女性，我們在一場戶外的身心靈活動上認識的，當時我發現她身邊有很多黃蜂跟蜜蜂飛來飛去，使她陷入極大的痛苦。

「你以前被蜂螫過嗎？」我問她。

「沒有，但是我有蜜蜂恐懼症。蜜蜂就是不放過我！」

聽見她用「恐懼症」來形容自己的懼怕時，我的耳朵馬上豎了起來。吸引力法則說，你愈在意的事情就愈容易發生，好事壞事都一樣。想當然耳，我很想知道蜜蜂為什麼這麼喜歡靠近她。我們在那場身心靈活動上做了一次簡短的前世回溯。我傳送能量給她，平衡她的脈輪中心，同時引導她回到黃蜂與黃蜂跟她建立關聯的源頭。

雪莉：回到那個地方，感受你第一次碰到黃蜂或蜜蜂的時刻，也就是對你影響最深刻的那一刻。時間是哪一年？你在哪裡？注意腦海中最早浮現的畫面。

莎拉：一七〇〇年代。荷蘭。

雪莉：發生了什麼事？

莎拉：我在戶外照顧花卉，到處都是蜜蜂，我逃不開。

雪莉：你幾歲？

莎拉：我跟現在一樣是女生，年紀不大，好像是十歲？我有個妹妹，她身上爬滿蜜蜂，牠們一直螫她。她病得很重，過世了。

雪莉：這件事對今生的你有何影響？

莎拉：我很怕自己會碰到一樣的事。

雪莉：想像你能夠跟這輩子的今天在這裡遇到的蜜蜂交談。慢慢來，告訴牠們你不想再看見牠們，仔細感受你跟蜜蜂之間的能量連繫。當我從三數到一的時候，我們一起切斷連繫，幫助你擺脫蜜蜂。三，二，一。切斷連繫。美麗的療癒之光籠罩著你，像一層防護罩，使你不再因過去事件而受苦，也讓蜜蜂遠離你的能量場。如果你覺得好多了，請告訴我。

莎拉：我覺得好多了。

雪莉：那黃蜂呢？牠們為什麼也來找你？回到源頭事件發生的那一刻。

莎拉：什麼也沒有。黃蜂來煩我只是因為我害怕蜜蜂。

雪莉：所以關於黃蜂，你沒有需要療癒的前世？

莎拉：對。

雪莉：你要切斷你跟黃蜂之間的連繫嗎？

莎拉：要。

雪莉：你什麼時候可以做這件事？

莎拉：現在。

雪莉：很好。請切斷連繫，讓療癒之光從上方灑下，想像療癒之光澈底釋放了你的恐懼。當你感受到恐懼已得到療癒和解決時，請告訴我。

莎拉：（片刻之後）可以了，我好多了。

莎拉完成短暫的療程之後繼續參加活動。活動快結束的時候，她跑來我的攤位找我。

「難以置信，」她說，「療程結束後，再也沒有蜜蜂靠近我。」

興奮不足以形容我當時的感受。莎拉證明了「立即影響人生的改變」並非空話。這是我成為催眠治療師的主要原因之一。人類的心智非常強大，只要有適當的指引，你可以瞬間扭轉乾坤。當然，莎拉的例子也使我更加確信吸引力法則的存在。只要改變內在觀點，外在世界就能改頭換貌。很簡單吧！

珍妮的外出恐懼

害怕出門進入公共空間的人，可能患有「廣場恐懼症」（agoraphobia），《精神疾病診斷與統計手冊》的定義是：「對公共空間極度恐懼，認為這些環境太空曠、太擁擠或太危險。」

在這媒體全力放送壞消息的年代，我完全不意外有人會害怕進入公共空間，或是不願意走出家門。但有時候這些感覺的源頭不是各種現代災難，而是很久很久以前發生的事件。珍妮就是這種情況，她在被資遣沒多久之後來找我進行療程。

珍妮很苦惱，因為她這輩子從來不曾被資遣或開除過，她陷入極度憂鬱。幸好她老公的工作很不錯，但她的焦慮沒有因此而減輕。雪上加霜的是，她內心深處有一種無法靠自己解決的矛盾感。

「我知道我必須走出家門找工作，但我就是做不到。每當我想去面試或參加工作博覽會的時候，就會被一種深層的恐懼淹沒。」

我們用回溯療程尋找源頭事件。

雪莉：請回到那一刻。發生了什麼事？你在哪裡？

珍妮：我在一九三〇年代的美國東岸，確切的地點我不知道。我在排隊，隊伍很長，我牽著一個小女孩的手。隊伍移動緩慢，我們肚子都很餓。過了一陣子，我們終於靠近隊伍前端，我才有辦法看見前面的情況。有人在發放麵包和一杯很稀的清湯，如果那也算是湯的話，微溫的清湯裡沒什麼有營養的料。這是領救濟食物的隊伍（她開始哭泣）。我們窮到沒飯吃，也找不到工作。

雪莉：從這個場景往前快轉，感受接下來發生的事。

珍妮：我為自己跟女兒領了湯，我們必須當場喝完、把杯子還回去，別人才有杯子可用。現場沒地方洗碗，餐具都沒洗過，很不衛生，湯的味道很可怕，但能填一填我餓到發痛的胃。我的女兒身體虛弱，幾乎走不動，但現在她看起來稍微好一些。

我們帶著一條麵包回家，這是我們明天一整天的食物。我離開排隊群眾，我們走到對街的一條小巷裡，兩旁是高聳的磚造建物。有個男人突然襲擊我們，他亮出刀子，刺進我的腹部。我倒在巷子裡，流血至死，但我心裡只想著自己的女兒。我叫她快跑，她確實逃走了，搶匪則是帶著麵包離開。就我所知，他沒有傷害我女兒，但躺在地上的我驚慌不已，因為我再也無法照顧她。我不想死！我今天不能死！也不可以這樣死！誰來照顧我女兒？她怎麼活下去？

她一邊哭泣，一邊漂浮到兩世之間的寧靜空間。

雪莉：你得到什麼領悟，這件事對現在的你有何影響？

珍妮：我現在跟前世死掉的我同年。我不像那時候那麼貧窮，所以不需要擔心。我看見前世的女兒順利長大，變成堅強的人。我知道無論你多麼想活下去，時候到了就應該離開。相較之下，我現在的人生很完美。我必須勇敢面對就業市場，我知道情況不會再那麼糟了。就算沒找到工作，我也不會死。我必須敞開心胸，走出去試試看。

後來她告訴我，她已經找到新工作。薪水沒有之前多，但是她很快樂，這才是最重要的事。我想知道克服恐懼、跨出家門的第一步是否很難，所以跟她聊天時主動提出這個問題。

「一開始不是很容易。我必須不斷告訴自己：我現在過得很好，就算沒人雇用我，也不會危及生存。我用正確的視角看待自己的處境，結果我面試的第一家公司決定雇用我，目前為止我工作得很開心。」

光是透過前世回溯（或是任何療癒或治療）接收到洞察還不夠，你仍然必須帶著自信採取行動、向前邁進，才能獲得真正的療癒跟解決。珍妮勇敢面對恐懼、釋放自己，若想活出充實的人生，我們都必須像她一樣。

美樂蒂的辦公室恐懼

美樂蒂來找我的時候，有好幾個問題同時困擾著她。其中一個是她每次進辦公室都會陷入恐慌。她通常是遠距辦公，進了辦公室也貌似冷靜，但其實內心十分痛苦。我想知道美樂蒂這些情緒從何而來，我問她是不是有難搞的上司或同事。

「問題就出在這裡，」她說，「他們都很好。問題出在我身上。我的上司人超好。我跟同事不太熟，因為我平常不進辦公室。但我進辦公室的時候，他們總是非常和善。我不知道自己是怎麼回事。」

我們回到美樂蒂的過去，在她的童年時期找到源頭事件。

雪莉：你幾歲？

美樂蒂：五歲。

雪莉：發生了什麼事？

美樂蒂：我的繼父對我大吼大叫，我的生父在我還是小嬰兒的時候過世了，我媽嫁給一個爛人。他們已經離婚。他是一個言語粗暴的控制狂，經常對我們兩個咆哮。

雪莉：他有傷害你嗎？

美樂蒂：不是肢體上的傷害，但我現在還記得他的長相，我好幾年沒想起他了，他長得跟我的上司很像。

我試著要她切斷她與繼父之間的連繫，但我請她這麼做的時候，發生了令我意外的事。

美樂蒂：我做不到。

雪莉：為什麼？

美樂蒂：我不知道。

雪莉：回到源頭事件，也就是你第一次遇到你繼父的靈魂的時刻。留在那個地方，你在哪裡？

美樂蒂：有點奇怪，但我想應該是拜占庭帝國（笑），我連這個名字都沒聽過。

雪莉：很好。拜占庭帝國發生了什麼事？

美樂蒂：我很窮，只能掙扎求生。戰火肆虐，到處都在冒煙、都很陰暗，很多人生病，情況非常糟糕。

雪莉：仔細看看，你身旁有沒有別人。如果有，他們在做什麼？

美樂蒂：我們都很窮，食物很稀少。我偷了麵包，因為我不得不這麼做，然後我被痛揍一頓做為處罰。

雪莉：感受一下周圍的人的能量，有沒有你今生也認識的人？

美樂蒂：是他，我的繼父，他正在毆打我，還要以竊盜罪逮捕我，他好像是士兵之類的，對老百姓毫無同情。

雪莉：非常好。快轉到你在拜占庭帝國生活的最後一天，留在那個地方，仔細感受你往生的過程。

美樂蒂：我跟幾個乞丐一起被帶走，我不知道他們要叫我們幹嘛，我們被活活餓死，他們把我們丟進一間牢房裡，沒有食物，我在處決之前就已餓死。

雪莉：慢慢往上漂浮，漂到兩世之間的寧靜空間，留在那裡，你現在很安全。邀請逮捕你的士兵走到你面前，想像他為自己的行為向你道歉。

美樂蒂：他不願意，他說他只是在執行任務。

雪莉：好，想像就算他不肯道歉，你也可以原諒他。你做得到嗎？

美樂蒂：應該可以。

雪莉：讓療癒之光灑在你們身上，感受你們之間的能量連繫。當我從三數到一的時候，我們一起切斷連繫。三，二，一，切斷連繫。如果你覺得好多了，請告訴我。

美樂蒂：（幾分鐘後）好了。

雪莉：把你的繼父請出來，想像他的高我、他的靈魂就在你面前，與你的靈魂直接交談，你們兩個一起得到的領悟是什麼？

美樂蒂：寬容，但是他沒得到這個領悟。

雪莉：他的高我可以向你道歉嗎？

美樂蒂：不行。

雪莉：你是否願意原諒他的過錯，讓自己繼續往前走？

美樂蒂：我可以原諒他，但是我不會忘記。

雪莉：這樣也可以。你有看到你們之間的能量連繫嗎？這代表他施加在你身上的殘忍行為。當我數到三，我們一起切斷連繫。你將會放開他，因為你已強大到不會被他影響。一，二，三，切斷連繫。如果你覺得好多了，請告訴我。

美樂蒂：（片刻之後）可以了，我覺得好多了。

雪莉：很好。請告訴我，你和繼父之間發生過的事，對你今生討厭進辦公室有何影響？

美樂蒂：我的上司長得跟他很像，這讓我不舒服。我想我之所以需要治療，是因為過去我從未了解繼父對我的影響有多大。

雪莉：非常好。現在跟你的繼父一起漂浮到未來，某個你決定開車進辦公室的時刻。想像你看見自己心情愉快的走進去，跟上司與同事打招呼，處理公事。告訴我情況如何。

美樂蒂：這是下禮拜的事。我的上司外出開會，但他回來了。我不用進辦公室，但我知道他會在，所以我決定去上班。

雪莉：你有什麼感覺？

美樂蒂：跟以前截然不同，現在好多了。

雪莉：跟同事相處感覺如何？

美樂蒂：我的笑容變多了，我會主動問候他們，他們也會關心我。花點時間了解他們之後，我發現他們都是很好的人。

雪莉：非常好。去找你的上司，感受你跟他互動的情況。

美樂蒂：我跟他說早安，他笑著跟我打招呼。

雪莉：太棒了！看著他，你現在對他大致上有什麼感覺？

美樂蒂：我不再把他當成某個令我想起繼父的人，他只是我的上司，他是好人，對每個人都很尊重。

雪莉：真棒！想像你能快轉時間，仔細體會你對工作的新感受如何影響工作環境，以及你跟上司和同事之間的關係。

美樂蒂：他現在給我的回應比以前好，因為我會主動接近他。我沒發現自己以前躲他躲得很厲害，但我現在好多了。我更喜歡自己的工作，也跟幾個同事變成朋友，經常一起吃午餐。我比以前更常進辦公室，現在我是團隊的一員。

療程結束大約一個月後，我寫email給美樂蒂關心後續情況，她說她現在刻意一週進辦公室一次，無論是否有必要。她跟同事變成朋友，跟上司之間的同僚情誼也有改善。上司會交付她更複雜的新任務。整體而言，她變得更快樂也更輕鬆。

總結

有時候，我們心中害怕的東西在現實世界中一點也不值得害怕，尤其是在完成療癒之後。人生瞬間獲得改善。以上的個案都證明了，只要改變你對外在世界投射的內在想法，一切都會變得不一樣。

第四章

心力交瘁的焦慮與恐慌症

這一章要介紹的前世回溯個案，是因為焦慮和恐慌而心力交瘁的人。他們在今生找不到答案，唯有探尋深層的過往才能得到解脫。

難以控制的焦慮症

根據《精神疾病診斷與統計手冊》的定義，廣泛性焦慮症有許多症狀，包括「對許多事件（例如工作或學業表現）表現出過度焦慮和擔心（帶有憂慮的期待），持續至少六個月以上。」

雖然接下來的個案不一定完全符合臨床症狀，但他們確實感受到焦慮，有時甚至因此引發恐慌發作或類似的症狀。

瑪麗的長期焦慮

瑪麗這輩子都活在深層焦慮之中。她試過不同的藥物，但沒有一種有用。於是她轉而走上靈性的道路，嘗試冥想與正念練習，希望能藉此減輕壓力。幾年來一切都很順利，直到人生中的問題再度引發焦慮，嚴重的程度更甚以往。

「我已經很久很久不曾為焦慮所苦，」她告訴我，「但自從老公跟我決定離婚之後，我又變成緊張大師。除了待在家照顧女兒，我也開了一家小公司，但獲利不足以養家活口。現在我必須搬家，還得找新工作。」

我們針對離婚進行了寬恕和療癒，她對婚姻帶給她的收穫心懷感恩，也知道自己必須繼續前進。出乎我意料的是，當我請她回到焦慮的源頭時，她發現自己前世也有過一模一樣的感受。

雪莉：時間是哪一年？發生了什麼事？

瑪麗：我在沙灘上，穿著泳裝。時間是一九三二年，我的泳裝是白色的，有蓬蓬的長袖子，下半身是滾荷葉邊的燈籠褲，我沒穿鞋。我跟兩個年輕女孩在一起，她們是我的同學。我十六歲。遠方有一條木板步道，還有嘉年華會的遊樂設施跟音樂演奏。我很開心，我們家應該是有錢人。

雪莉：很好。請快轉到一九三〇年代的下一個重大事件。留在那個地方。你在哪裡？發生了什麼事？

瑪麗：兩年後，我父親死於癌症，我必須找工作養活自己。我很害怕，我不知道自己行不行。

雪莉：非常好。當時的情況有沒有任何地方使你想到今生？有還是沒有？

瑪麗：有，都一樣，但也不一樣。我本來過著富裕的生活，但忽然之間天翻地覆，現在我只能自力更生。

雪莉：仔細感受前世的父親的能量，你今生也認識他嗎？

瑪麗：我的天啊！是他！我未來的前夫！前世他比我老很多，今生他也比我老。

雪莉：你們兩個一起得到什麼領悟？

瑪麗：我們互相扶持，是很好的朋友，對很多事情抱持相同看法。問題是，我們注定不會白頭偕老。我們在一起是有原因的，但不會在一起太久。這段婚姻注定不長久，這是我的課題，我必須學會自立自強。他給我的幫助，就是強迫我獨立。

雪莉：太棒了！繼續探索你在一九三〇年代的人生，仔細感受父親過世後，你過著怎樣的生活。

瑪麗：在那之後，我過著平庸的生活。我一直很珍惜童年與青少年的歲月。我懷念過去！但我的生活並不匱乏。我知道人不需要那麼多財富，也能過得很幸福。

雪莉：前世的你快樂嗎？

瑪麗：快樂。

雪莉：從今天出發，前往這一世的未來，選一個你過得幸福又健康的時刻，雖然離了婚，但你成功自立。留在那裡，仔細感受發生了什麼事。

瑪麗：那是幾年後的事了。我住在另一棟房子裡，在這裡的南邊，我很喜歡那棟房子，景色比婚前住過的地方更美。五年前我重返校園，現在我擁有新的學位。我是老師，薪水豐厚，我有自己的房子，房款已付清。我過得很好，更棒的是，自立自強的我比以前更幸福。我跟前夫仍是好友，只是沒有在一起的必要了。他也過得很好，一切順利。

奇妙的是，瑪麗預見的情況全都實現了。她是最好的證明：在看過自己充滿力量的未來之後，一步步實現那個更幸福、更充實的人生。我以她為榮。她現在過得很好。

你也做得到！後面有引導回溯的章節，你將有機會前往自己的未來，看看幸福人生的最佳藍圖，並且了解你需要採取哪些步驟才能發揮最大的潛力。在催眠之下，你將利用引導式的視覺化與想像力看見自己的未來。看見自己發揮最大的潛力並實現你想要的人生，會讓你充滿力量。你絕對辦得到！

黛博拉的前世霸凌

霸凌引發的社交焦慮，是現代社會的一大問題。霸凌事件經常登上新聞，因為現代人用那麼粗暴的方式對待彼此顯得極度落後。知道有一個人為了讓你心生恐懼而故意欺負你，會引發巨大的壓力和煩惱。

霸凌可能會發生在一生之中的任何時期，連我都曾遇過動不動就對我施展恐嚇招數的人。我無法解釋這個人為什麼要針對我，因為就我所知，我沒有做過刺激對方的事情，至少這輩子沒做過。我必須思考：這個人跟我是不是有什麼沒解決的業力？

我的客戶黛博拉來找我回溯的時候，也問了一樣的問題。對方是她兒子同學的母親，她說她兒子戴著厚厚的眼鏡，班上有個較大的男孩一直嘲笑他。這種持續的折磨遮蓋了他原本溫厚的個性，他在學校裡變得更畏縮，也不再跟好朋友一起玩。兩位母親都在這所小學的家長會服務，而且經常針鋒相對。黛博拉一再向校長申訴霸凌的事，但情況沒有改變。

「我兒子無法改變自己戴眼鏡的事實，他不應該受到這種對待，那個女人（同學的母親）給我的感覺很糟糕。我很擔心，因為我每次看到她都想揍她，我知道要是我真這麼做了，一定會惹禍上身，我兒子也不會好過。我們去找了校長非常多次也沒用，我真的很累。這種情況必須停止。我是好人，真的！我平常不是這樣的！我發誓這種事以前從沒發生過。我告訴我老公，我覺得這個女人會來對付我。我擺脫不了這種感覺，所以我想試試能否在這裡找到答案。我不想做出讓自己後悔的事，也不希望她兒子對我兒子做出更過分的事。果真如此，我一定會忍不住。我現在就已經在失控邊緣，我睡不著，食慾不振，每次去家長會開會之前，都會心煩氣躁。我沒辦法繼續這樣過下去。我們可以讓兒子轉學，但我不相信這一套。他不應該因為一個比他大的孩子霸凌他就轉學，而且同樣的事換個地方就不會發生嗎？我必須在這裡澈底解決這個問題。」

我們造訪了她的前世，相當然耳，她們之間確實有連繫，不是很好的連繫。

雪莉：回到源頭事件，你與這個女人的靈魂初相識的時刻，留在那裡，時間是哪一年？

黛博拉：這裡是歐洲的某個地方。

雪莉：哪一年？

黛博拉：一三八九。好奇怪，我是男人。

雪莉：非常好。在一三八九年的歐洲，你是單獨一人，還是跟別人在一起？

黛博拉：現在我是自己一個人在路上。

雪莉：快轉到你跟其他人在一起的時候，留在那裡，告訴我發生了什麼事。

黛博拉：我走在通往村子中央的路上。那裡有群眾集結，有人正在受罰。

雪莉：有沒有你這輩子認識的人？

黛博拉：有，她也在，我看到她。

雪莉：你們在那一世是什麼關係？

黛博拉：我們是在鎮上認識的。她跟她的孩子正在接受處罰，他們偷了食物。他們被帶到鎮上的中心，綁在木柱上。群眾集結，包括我。我撿起石頭丟過去，砸到她孩子的頭，她直視我的雙眼。

雪莉：他們後來怎麼了？

黛博拉：他們都死了，我們用石頭砸死他們，他們死得很慘。

雪莉：想像你現在可以把他們帶到你面前，為你的行為向他們道歉。告訴他們，你只是出於從眾才那麼做。

黛博拉：這正是問題所在，雖然我不想承認，但我喜歡那麼做。我不是一個好人，那天我原本不必去那個地方，但是我想去。我想參與行刑。我不知道為什麼，但我喜歡那種掌控的感覺。

雪莉：那一世對現在的你有何影響？

黛博拉：我跟兄弟一起長大，他們都喜歡打獵，但我一直不贊同他們去打獵，我想那跟這一世有關。我不想再參與暴力行為。這幾百年來，我領悟到爭鬥與衝突是錯誤的。

雪莉：你有沒有在其他世與人爭鬥，並且虐待他們？

黛博拉：有。

雪莉：現在就去那個地方。感受一下發生了什麼事。

黛博拉：也是在歐洲，一七〇〇年代。感覺比較像英格蘭，仔細一想，剛才那個地方應該在法國附近。我看過很多絞刑。那是個糟糕的年代，窮人很多，犯罪率愈來愈高。

雪莉：感受一下一七〇〇年代的英格蘭，有沒有看到你這輩子認識的人？

黛博拉：沒有。

雪莉：你有沒有在哪一個前世受過處罰？

黛博拉：有，很久以前。

雪莉：現在就去那個地方。時間是哪一年？

黛博拉：我猜是羅馬時代。我不知道太多細節，但我的嚮導讓我看見我受到酷刑。我被刀刺傷，流血至死。

雪莉：你犯了什麼罪？

黛博拉：不是什麼大罪。我偷了食物，跟那些被我虐待的人一樣。在缺乏食物的年代，你不用做什麼嚴重的事就會被處以死刑。

雪莉：你有沒有報復處決你的人？

黛博拉：有，我想我們之間一直互相報復，但我現在想要終止這個冤冤相報的循環。

雪莉：想像你能夠把那個小男孩的母親帶到你面前，還有她今生的兒子跟你的兒子。為你用石頭砸死他們向她道歉，看看她如何回應。

黛博拉：她不原諒我。

雪莉：你怎麼做她才肯原諒你？

黛博拉：她說她很享受看見我兒子受苦，因為我眼睜睜看她兒子受苦，她喜歡這種感覺。

雪莉：你們在其他世認識嗎？

黛博拉：沒有。

雪莉：你們的兒子呢？

黛博拉：也沒有，她說她等了很久才終於有機會報仇。

雪莉：請你的心靈嚮導介入，扮演調停人的角色。她是否願意讓步？你們能做些什麼來促進和解？

黛博拉：我的嚮導說，我必須親自走到她面前，請她原諒。這沒有道理，她不會理解我的意思，但我的嚮導說我一定要當面處理這件事，才能獲得療癒。

很多時候，療癒可以在統一場域、在個人心智裡進行，內在的療癒可體現於外在世界。但是黛博拉的情況不一樣，她在療程結束後清楚知道，自己必須主動為了她在今生沒做過的事情道歉。一週之後，她告訴我：

「療程結束後發生了不可思議的事情。我做了幾次深呼吸，試著對她感同身受，然後在家長會開完會之後主動去找她。我腦海中都是自己用石頭砸傷她的寶寶的畫面。我在她的耳邊輕聲說：『我對你的遭遇感到抱歉。』她轉頭看著我，臉上表情古怪。是我從沒看過的表情。她熱淚盈眶，快要哭出來的樣子。後來她向我說了謝謝，也向我道歉。她說她跟老公已分居，正在協議離婚。她後悔自己沒有積極阻止兒子的行為。她試著跟他溝通，但是家裡的情況也令他心煩意亂，她沒有心力責罰他。把事情講開之後，情況立刻改變。我們現在就像朋友一樣。說是朋友好像有點誇張，不過她會在我們接孩子放學的時候過來打招呼。在那之後，我兒子也沒再抱怨過霸凌的事。我打算等兩個孩子能一起玩的時候，邀請他們放學後來家裡。我不敢相信這是真的，不過現在情況完全不同，而且漸入佳境。」

當你改變自己對待別人的態度時，對方也必須改變才能配合你的新思維。很多時候，惡霸粗暴的外表底下藏著脆弱的內心，黛博拉就發現了這一點。惡霸表現出來的憤怒和粗魯，不一定是因為被你刺激，而是為了掩飾他們遭遇到的人生困境。展現同理心，情況就會改變。

黛博拉的情況，跟我自己碰到的惡霸很像。我把自己的思維從恐懼轉變成寬容，用堅定的態度面對霸凌。我改變態度之後，跟對方進行了遲來的對話，我們還變成朋友。多付出一點同理心和時間，就算是最艱難的情況也會有轉機。

米雪兒無法控制的擔憂

分離焦慮確實存在，而且可能會造成問題。米雪兒在療程中告訴我，她經常做跟三年級的兒子有關的噩夢。她每天早上送兒子上校車之前，都會焦慮到全身發抖。我問她以前是否發生過什麼事，導致她如此焦慮。

「完全沒有，」她含著眼淚說，「我就是無法擺脫這種他可能會出事的感覺。我們家生活無虞，他的父親人很好，我完全沒有擔憂的理由，但我就是無法控制。」

米雪兒的焦慮是否來自前世？我想找出答案。

米雪兒回到二十世紀初在芝加哥的一段前世。令我們都很驚訝的是，那一世的她是小女孩，她今生的兒子是她的父親。他們一家人住在芝加哥，有天小女孩跟父親一起走路去位在附近的學校時，她被一輛汽車撞死。父親心碎不已，他一直沒有走出悲傷。

雪莉：你跟你兒子轉世這麼多次，是為了得到什麼領悟？

米雪兒：他決定回來，是因為他希望這一世我們能相處得久一點。

雪莉：很好。把那一世的小女孩叫出來，還有那一世的父親跟你今生的兒子。想像這是你兒子的高我、他的靈魂。告訴他們這些領悟，以及這次你們是否可以做出不同的選擇。

米雪兒：我們當然可以。我們同意再度回到芝加哥，這次我們會做得更好。

雪莉：你能明白當時發生的事不是任何人的錯嗎？

米雪兒：可以。

雪莉：你從那場車禍得到什麼領悟？

米雪兒：其實不是領悟。我必須提早離開，去……天堂，應該可以這麼稱呼它。我必須接受靈性訓練。

雪莉：靈性訓練對你的今生有幫助嗎？

米雪兒：（大笑）希望現在可以，但是到目前為止，幫助不大。我必須停止擔憂，放下恐懼。這一切只是幻覺，我們是無限的存在，沒什麼好擔心的。

雪莉：非常好。這一次你們可以一起活得既圓滿又長久嗎？

米雪兒：一定可以。但我必須停止擔憂，否則我兒子會排斥跟我相處，也無法做好面對世界的準備。他必須堅強起來，但前提是我必須變得堅強。

雪莉：你準備好要這麼做了嗎？

米雪兒：沒錯。

當雙方確立了共識之後，米雪兒前往今生的未來，看見幾年後家人的情況。

雪莉：你在哪裡？

米雪兒：我兒子的大學畢業典禮。

雪莉：你有什麼感覺？

米雪兒：很開心。這次一切順利，我們的感情還是很好。

雪莉：一邊感受未來的自己，一邊想像你可以回顧人生，感受你放下對兒子的焦慮感的那一刻。

米雪兒：那就是今天。

雪莉：很好。你可以也願意放下你對兒子安危的焦慮嗎？至少是一大部分的焦慮？

米雪兒：可以。

雪莉：你什麼時候放下？

米許兒：現在。

她的語氣充滿信心，所以只剩下最後一個步驟。

雪莉：太棒了。請回到你兒子的畢業典禮，用心感受他已順利畢業的此刻。放鬆身體裡的每一個細胞，因為你知道他安然無恙。讓潛意識心智給你一個符號，這符號代表一種新的平靜感，你不再擔心兒子。那是什麼符號？

米雪兒：畢業帽。

她把畢業帽當成安心感的符號之後，就能用畢業帽來提醒自己在未來體驗到的安心感。

這本書的第三部會教你如何找到屬於你的療癒符號。從那天開始，米雪兒獲得創造人生的力量，不再受困於悲慘的痛苦循環。

雪莉：每當你想到畢業帽，或是在電視、電影、任何地方看見畢業帽，你將會立刻想起兒子的畢業典禮，並且知道一切都很好，他活得很開心。你還有接收到其他洞察或領悟嗎？

米雪兒：我們並非受困在地球上，有很多事我們不明白。離開這裡，還有下一站。靈魂不滅，所以我們無論如何也不會死。

有時候一理通，萬理通。很多時候，無法解釋的情緒，不一定是因為我們今生做了或沒做什麼事，但這一點很難察明，因為我們專注於三維意識的幻覺中。米雪兒非常驚訝的發現自己跟兒子的前世角色互換，但光是觀察到這一點並接受她跟兒子前世的遭遇，就足以讓她放下焦慮。她上一次跟我聯絡時告訴我，她從未故態復萌。

瀕死感的恐慌症

根據《精神疾病診斷與統計手冊》的定義，恐慌症發作除了出現症狀之外，也必須「在發作後持續擔心再次發作或發作後果長達一個月以上」。

我在前面提過一個有趣的現象叫「超自然回溯」，也就是外在刺激自然誘發的前世記憶。我發現有數以千計的人曾因外在事件誘發前世記憶，例如造訪的地方、看見的人或物品等等。這些記憶通常會在今生觸發創傷反映。體驗「超自然回溯」的人通常需要接受前世回溯療程，不是為了找回前世，而是因為在安全的環境中返回造成創傷的那一刻，這樣才能治癒創傷，繼續好好生活。很多人的前世記憶都是在旅行的時候自動浮現。這種情況跟似曾相識不一樣，因為這不是重現相同的經驗，而是在意識層面上記起一段遺忘已久的時光，記起你做過的事情，或是去過的地方。這些經驗通常會引發巨大的恐慌和焦慮，只是人們不一定知道創傷發生在前世，而且就是在這個地方。

害怕尼羅河的凱爾

凱爾去開羅出差之後毫無來由的心生恐懼，他相信自己前世一定在埃及生活過。

「當時我們在市中心，我跟同事走在尼羅河畔的人行道上，在埃及國家博物館附近。我們往河的對岸走，途中停下來眺望尼羅河。不知道為什麼，我突然被深深的恐懼淹沒。我一看到河水就幾乎大哭，不是傷心的哭，而是憤怒的哭，就好像這個地方發生過邪惡的事，而且我已經很久不曾想起這件事。我摒住呼吸，努力控制情緒，因為我不想讓同事發現。我想狂奔，但恐懼使我動彈不得，我努力呼吸，幾分鐘後我的同事朝我走來，我的腿才終於能夠移動。我們走回飯店時，我一路沉默而且目光刻意避開尼羅河。我死盯著人行道，直到恢復自制為止。回到飯店大廳後，同事都想去吃飯，我婉拒後回了房間。看見尼羅河使我精疲力盡。我沖個澡，上床睡覺，但尼羅河引發的負面情緒並未消失。我沒有哭，我很少哭。如此糟糕的感覺我以前從未碰過，在那之後也不曾再次發生，但我這輩子永遠不會忘記那件事。」

我當然可以理解造訪一個地方時，情緒被牽動的感覺。我曾在跟某些人碰面之後有過類似的感受，我相信我跟他們前世互相認識。你或許也有過類似的經驗。儘管如此，我很想知道凱爾跟埃及之間的關聯，所以我們一起進行了回溯。

雪莉：你在哪裡？時間是哪一年？

凱爾：我在埃及，是還沒有金字塔的年代，我不確定是哪一年。

雪莉：發生了什麼事？

凱爾：我跟幾百個人在一起，我們正在尼羅河畔進行某種宗教儀式，有火焰、煙、典禮。

雪莉：你是男人，還是女人？

凱爾：男人。

雪莉：感受一下附近人群的能量，你跟他們有什麼關係？

凱爾：我感應到一個女人，我很愛她。我們在一起，但不是正式在一起。我知道得舉行某種儀式才能正式在一起，跟結婚差不多，但更具宗教意義。我承諾會跟她在一起。

雪莉：她也參加了這場典禮嗎？
凱爾：對。
雪莉：在療癒之光的籠罩下，移動到令你在開羅時產生怪異感受的源頭事件。留在那個地方，感受一下發生了什麼事。
凱爾：她在尼羅河岸上進行一種危險的儀式，我不同意她這麼做，但這是統治者的命令。她踏錯腳步滑倒了，敲到頭部，我親眼看見她隨著河水漂走。人們拉著我。我想跳進河裡救她，但是他們不允許。我還有任務，我奮力掙扎，但是他們制伏了我，然後把我送走。我既心碎又憤怒。我變得相信法老王是邪惡的，他的道理並不純粹，最後我因為不肯服從而被處死。
雪莉：那一世對現在的你有何影響？
凱爾：回到埃及之後，我才發現自己在工作上一直很叛逆。我錯過很多機會，因為我拒絕服從。碰到我認為不公平的事，我會給自己很多壓力。
雪莉：想像你可以回到尼羅河畔，上方灑下一道慈愛的療癒之光，洗去你的悲傷與怨恨。讓這道光進入你心中，把你從負面能量中釋放出來，讓你的心胸變得更開闊。如果你覺得好多了，請告訴我。

凱爾：好了，但我的靈魂有一部分永遠無法原諒他們那樣對待她。如果他們讓我跳進河裡，我一定能夠救她。這件事我依然耿耿於懷。

我發現前世回溯對於接受世上的不公特別有用。我們每個人都會因為不一樣的理由而難以寬恕與放下。凱爾的故事很符合我常說的：潛意識心智就像洋蔥一樣，層層剝開才會知道未來有更多可能。有些事情我們永遠無法接受，但明白這一點還是能提供某種程度的療癒。

艾琳的紐奧良鬼屋

艾琳的前世回溯是我碰過較有趣的情況之一。她在一棟鬼屋裡被嚇到之後，就一直擺脫不了那種感覺。以下是她的故事：

「我住在洛杉磯，有一年萬聖節跟住在東岸的幾個姊妹去紐奧良玩。我們參加了花園區的鬼怪之旅，其中一間房子真的把我嚇壞了。我沒有看到鬼，但心中非常害怕，怕到那天晚上睡不著。我朋友覺得很好笑，但這不是她們的錯。要是她們知道我心中的感受，她們會知道這種恐懼很真實。真實到骨子裡。那天晚上我不但睡不著，還做了一大堆惡夢。隔天我們又回到花園區參加旅遊行程，我在其中一棟豪宅的大廳換氣過度，心跳快到心臟好像快要跳出胸口。幸好我在昏倒之前順利走到沙發旁坐下。情況非常糟。我全身冒汗，快要窒息。我以為自己快死了。我朋友過來安撫我的時候，我覺得非常不好意思，但我確實稍微冷靜下來。那天晚上我沒去波本街狂歡，因為朋友擔心我身體不舒服，她們覺得我可能得了流感。我回到飯店就直接躺在床上，這時已經沒事了。隔天搭飛機回家，一切正常。但我一直相信自己在那棟鬼屋沾染到髒東西，鬼或靈體之類的。因為從那天之後，我只要想到紐奧良就渾身不舒服。」

在前世回溯的過程中，艾琳確實找到她與紐奧良之間的關聯。

雪莉：根據你的第一印象，時間是哪一年？

艾琳：一七〇〇年代，我不知道確切日期。

雪莉：你在哪裡？發生了什麼事？

艾琳：我在一棟豪宅裡。

雪莉：你是訪客嗎？還是住在其中？

艾琳：我住在這裡，就是我們參觀的那一區，不過附近什麼也沒有。

問題的關鍵發生在她前世結束的時刻。

雪莉：快轉到你那一世的最後一天，說說你過世當時的情況。

艾琳：我已經是個老太太。我做飯的時候心跳突然加速，我倒在廚房的地板上。我死於心臟病發作。

雪莉：慢慢往上漂浮，離開那具身體、那一世人生。在療癒之光的籠罩之下，仔細想想你那天在豪宅大廳出現的症狀，跟你在一七〇〇年代死前的症狀是否相似？

艾琳：症狀一模一樣，差別是我沒有死。

雪莉：非常好。想像你可以跟那位老太太的高我溝通，仔細感受你跟她之間的能量連繫，等一下我從三數到一的時候，我們要切斷連繫，把你從前世的事件中釋放出來、獲得療癒。準備好了嗎？三，二，一，切斷！有一道療癒之光流進你的心臟，使你得到放鬆和療癒。如果你覺得好多了，請告訴我。

艾琳：我明顯覺得好多了。

接受前世回溯之前，艾琳提到她可能是不小心沾染到那棟豪宅裡的遊魂。我會用「孤魂野鬼」來形容這些靈體，它們確實會讓她感到恐懼。我幫助過幾十個被無形靈體糾纏的人，所以我繼續向艾琳提問。

雪莉：有沒有紐奧良的靈體跟著你回家？

艾琳：沒有。我一開始以為有，但現在我知道我對那裡的能量特別敏感，是因為我曾在那裡住過。

不可思議的是，健康問題和症狀也可能藉由能量從前世延續到今生，就像艾琳一樣，在她造訪前世住過的地方時爆發出來。只要幾個簡單的改變，艾琳就能扭轉情況。

總結

本章討論的個案，都是因為恐慌和焦慮使他們在清醒的日常生活中，過得心力交瘁。現世問題沒有消失，所以需要探索前世、尋找答案。

第五章

怪癖般的強迫症

敞開心胸老實說吧，其實每個人都有怪癖。我們都有別人眼中不只一點點奇怪的習性。這本書不打算叫讀者自我診斷或自我評判，不過這一章要討論幾個行為古怪的個案，他們都是我這些年來碰過的客戶。誰知道呢？說不定你會在他們身上看到一些共通點。我自己就是這樣。畢竟，我們實為一體……

執迷的強迫症行為

《精神疾病診斷與統計手冊》對強迫症的描述是：「執迷、強迫行為，或兩者兼具。」

執迷是反覆且不斷出現的想法與衝動，強迫行為則是一再做出相同的行為。我們都有這樣的傾向，但是當情況變得過度極端且無法改善的時候，可以探索一下前世的經驗，尋找答案。

克勞蒂亞的貓咪囤積癖

A＋E電視網的節目《囤積癖》（*Hoarders*），把這種現象帶進大眾的視野中。囤積癖對一個人的經濟跟健康，都可能造成危害。根據《精神疾病診斷與統計手冊》的定義，有囤積癖的人會「過度囤積物品，而且光是想到丟棄物品就會覺得心裡有壓力」。

正如之前討論過的許多古怪行為一樣，囤積癖的根源可能在前世，也可能在這輩子的早期人生。通常講到囤積癖，我們會想到在家裡的每個角落塞滿無用垃圾的畫面，但我遇過一個令人印象深刻的個案，她所囤積的東西截然不同。

克勞蒂亞是一個地區動物收容所的董事，也經常在保護動物協會當志工。她經常為了維護動物權益，在美國以動物倡議聞名的地區舉辦募款和推廣活動。大家都說，克勞蒂亞是地方的重要支柱，也是人類之光；她有很多朋友，大家都視她為珍貴的朋友，尤其是她一路走來幫助過的毛小孩。

克勞蒂亞來參加我舉辦的工作坊，她說她想接受一對一療程，我以為她只是出於好奇，因為她似乎過得順風順水。她一下子就回溯到前世，她是某個埃及祕教的信徒。古代祕教跟現代祕教不同，虔誠的信徒會自己選擇一位神祇每天供奉膜拜。克勞蒂亞的祕教信仰，和她今生對動物的熱情有直接關聯。

雪莉：你在哪裡？發生了什麼事？

克勞蒂亞：我們是一個特殊的小團體，信奉芭斯特女神（Bastet），也就是貓神。

雪莉：非常好。你們有哪些儀式？

克勞蒂亞：我們必須照顧貓，餵貓，保護牠們不受傷害。

古埃及視貓為聖獸，尤其是信奉芭斯特的人。克勞蒂亞鉅細靡遺地看見自己在祕教中的職務，包括她當時立下的誓言。

克勞蒂亞：我是一個女祭司。

雪莉：埃及女祭司的身分為你帶來哪些領悟？那些領悟對你現在的人生有何影響？

我經常問客戶這個問題，我以為克勞蒂亞會提到自己在保護動物協會的工作，還有其他的慈善活動等等。沒想到她突然嚎啕大哭，哭到自動離開催眠狀態。

雪莉：怎麼了？

克勞蒂亞：我必須坦白一件事。我跟大家心目中想的不一樣。

她說五年前她被指控「囤積動物」，所以才搬進現在的家。這項指控和懲罰，毀了她身為動物救援人士的名聲。

克勞蒂亞：情況很糟糕。我不是故意的，但我曾經同時飼養一百多隻貓，我家裡髒亂到……失控的程度。失控還算是好聽的說法。

她說法院把她的貓判給其他照顧者，而且她還因此付出大筆罰款。

克勞蒂亞：我真的很難過。（仍在哭泣）雖然我知道自己養不了這麼多貓，但我就是很想要再養一隻、兩隻、三隻，我想把牠們留在我身邊，用我認為對牠們最好的方式照顧牠們。問題是，我一開始養貓就會控制不住，所以我努力壓抑這種衝動。

克勞蒂亞前世對貓的喜愛，在她的今生造成是非。我會在後面詳述我們如何深入她在埃及的前世，以及最後如何找到問題的根源。現在先多看幾個更有趣的古怪行為。

無法坐下的大衛

我很幸運，這些年來碰過不少有趣的個案。說到最令人難忘的客戶，大衛肯定是其中之一。他跑來找我的時候，剛被銀行開除沒多久。

大衛在倉儲中心找到新工作，他說新工作更適合自己，因為他有機會走來走去。我也認為一直坐在辦公桌旁很無聊，但這不是真正的原因。

「其實，我就是因為這樣被開除的，」大衛說，「我不願意坐在辦公桌旁。」

「你害怕坐著？」我問。

「不是。感覺比較像是有一股力量逼著我起身走動，就算我努力想坐著也沒用。就算我想坐下來休息一會兒，心裡也知道我很快就得站起來。」

「現在還是這樣？」

「對啊。所以我才會來找你，當然還有一些其他原因。」

「不是出於恐懼？」

「不是，我受不了坐辦公室一整天，我有幽閉恐懼症。」

我們聊到他以前的人生經歷，我問他是否曾經被困在封閉的空間裡，或是出了什麼類似的意外。他顯然對站立有種執迷，我用了「執迷」這個詞，是因為我們都會偶爾想要站起來、伸伸腿。但根據他的說法，他完全沒辦法坐下，連一會兒也不行。所以他沒辦法在銀行工作，幫想要辦貸款的客戶服務。我很好奇大衛是怎麼完成大學學業的，他說他念的是網路授課的大學，銀行是他畢業後的第一份工作。

「我被投訴，然後就被開除了。」他說。

「這是一種能解釋的醫療症狀嗎？說不定你可以因此復職？」

「不是，我看過醫生。我的身心都沒毛病。所以我才會來找你。」

這句話我聽過很多次。他們找不到合理的解釋，試過各種方法都束手無策，最後才來找我。

幸運的是，大衛對前世抱持開放態度。我原本想著至少要帶他回溯童年。我認為源頭事件可能是他小時候受到處罰，或是曾因為坐著而被嘲笑。當我請大衛回到源頭事件時，他回到第二次世界大戰的一個恐怖時刻。

雪莉：根據你的第一印象，時間是哪一年？

大衛：一九三八。

雪莉：你在哪裡？

大衛：德國。

雪莉：發生了什麼事？

大衛：我在一棟擠滿了人的建物裡，人群咆哮推擠，氣味很糟糕。

雪莉：為什麼要推擠？

大衛：他們不是故意的，我們動作得快點。

他不再說話，沉默了一分鐘。

雪莉：發生了什麼事？

大衛：人們仍在推擠，我們要出去，外面很冷，但我們必須工作。

雪莉：什麼工作？

大衛：不知道。我們扛著沉重的長柱穿越原野，有些人倒下了。

他倒抽一口氣。

雪莉：怎麼了？

大衛：有個人倒下了，他們開槍殺了他，然後又毫無來由殺了另一個人。

他安靜了一會兒，接著渾身發抖，眼角流下一滴淚。

大衛：我看見他們。

雪莉：誰？

大衛：軍官，他們用力推我們。我們又累又餓，沒力氣工作。（再次倒抽一口氣）又有人倒下了，她虛弱到走不動，他們朝她的頭開槍。

大衛建立一個安全空間，然後漂浮到事件上方，慢慢靠近這悲慘人生的最後一天。

雪莉：你被守護的光芒籠罩，你知道你很安全，感受一下你過世的情況。

大衛：我在走路，然後絆倒了。我抬頭望向士兵，乞求他饒我一命，但他還是殺了我。

（呼吸急促）喔，天啊！他是我上一份工作的上司！

雪莉：慢慢往上漂浮，離開那具身體、那一世人生。你現在很安全，這裡是兩世之間的寧靜空間。你從生活在德國的前世得到什麼領悟？

大衛：就算盡了全力，也不一定能掌控情勢。

雪莉：這個事件對你的今生有何影響？

大衛：我坐不住，我害怕坐下。從我在那家銀行工作、再次看見他之後，我就失控了。

雪莉：你的意思是，在遇見這位上司之前，你是可以久坐的？

大衛：我一直都不愛坐下，我沒辦法坐太久，但是去銀行上班之後，情況變得更糟。

雪莉：非常好。想像你可以邀請德國的那個你，來跟現在的你聊天。仔細感受你們之間的能量連繫。跟那個一九三八年的年輕人聊一聊，想像他告訴你，你現在很安全，可以放心坐下，不會有壞事發生。然後想像那位士兵跟你的前上司來到你面前，想像士兵對你道歉。

大衛：他說他只是聽令行事。

雪莉：很好。想像前上司的高我跟你的高我對話，他向你道歉。

大衛：他不需要道歉，這次他沒有做對不起我的事，是我搞砸了，我很抱歉。

雪莉：很好。感受一下你們兩個人有沒有在其他世認識過，有還是沒有？

大衛：有。

雪莉：漂浮到一九三〇年代的事件上方，想像你可以從那個時間點回溯前世。待會我數到三，你將會抵達源頭事件，或是影響你們兩人最重要的事件。一，二，三。留在那個地方，你在哪裡？

大衛的語氣完全改變。他顯然變得更強悍。

大衛：我是軍人。

雪莉：根據你第一印象，時間是哪一年？

大衛：（遲疑了片刻）我不確定。

雪莉：你在哪裡？

大衛：我是羅馬人，羅馬士兵。

雪莉：很好。想像你可以在他的一生自由來去，找到對你和前上司的關聯來說最重要的事件。留在那個地方，告訴我發生了什麼事。

大衛：我們在掠奪一個村子，見人就殺。

雪莉：你的前上司也在那裡嗎？

大衛：對，他是個小男孩。我殺了他。

雪莉：為什麼？

大衛：我必須殺了他，如果我不殺他，死的就是我。（沉默了片刻）我知道了。他只是以其人之道，還治其人之身。在德國的他也必須殺了我，否則他會死。這一世也一樣，是他的上司要他開除我。我跟他談了很久，他試著給我機會，但是我無法改變，所以他不得不開除我。

雪莉：非常好。你覺得你可以放下這件事了嗎？

大衛：可以。

雪莉：什麼時候？

大衛：現在。

雪莉：很好。請那位羅馬士兵跟小男孩出來，讓他們跟納粹士兵和德國男孩見面，也把你的前上司請出來。感受你們之間的能量連繫。等一下我會從三數到一，有位天使會切斷你們之間的連繫，以寬恕的精神釋放你們每一個人。你們都在當下做了最大的努力。準備好了嗎？三，二，一。切斷連繫！

大衛切斷連繫後，我為他進行能量療癒，直到他說自己覺得更輕鬆、更舒服。在回溯療程中，大衛經歷了真正的頓悟，也似乎接受了療癒。不過，催眠介入的成敗，取決於個人在真實世界中的適應情況。

大衛已經知道自己不用執著於過去對坐下的懼怕。希望他坐下來工作的那一刻，能注意到自己的改變。

大衛的例子也告訴我們，為什麼前往今生的未來、體驗無憂無慮的人生很重要。大衛造訪了自己的未來，確認改變後的人生。

大衛：我在公司，跟同事一起吃午餐。

雪莉：你在哪裡工作？

大衛：現在的公司。我很喜歡這個工作。

雪莉：你是站著，還是坐著？

大衛：我跟朋友一起坐在公司外面的長凳上。

雪莉：你感覺怎麼樣？

大衛：今天是晴天，我覺得很舒服。

我們做了另一個練習，幫助大衛沉浸在坐下來的放鬆感受中。結束療程後，客戶不一定會跟我聯絡，但這次我請大衛務必保持聯絡。一年多以後，他告訴我：

「我現在的狀況比以前更好，再也沒有不肯坐下的問題。」

知道療程對他有幫助，我很高興。他的改變千真萬確，改變可能發生，就從轉念開始。

安東尼奧的皮膚搔癢問題

安東尼奧罹患腎衰竭，只剩下幾年的壽命。這段時間，他開始狂抓皮膚。很多腎衰竭患者都會皮膚搔癢，所以大家都以為原因是腎衰竭，再不然就是他服用的多種藥物中，有令他過敏的藥物。經過幾次能量療癒和前世回溯之後，我們意外發現安東尼奧的皮膚搔癢還有更深層的原因。

雪莉：你在哪裡？時間是哪一年？

安東尼奧：我在歐洲。應該是中世紀，或是某個非常黑暗的年代。到處散發惡臭，生活條件很糟糕。我是流浪漢，經常在當地酒吧乞討食物跟艾爾啤酒。跳蚤肆虐，每個人都被咬得很慘。但是沒有人洗澡，好像被跳蚤咬只是尋常小事。

雪莉：想像你慢慢往上漂浮，離開那具中世紀的身體。感受你跟那一世的乞丐之間的能量連繫。待會我們將切斷這條連繫，讓你脫離那股能量。三，二，一。切斷連繫。你的皮膚沐浴在療癒之光中，趕走了跳蚤。想像跳蚤全部蒸發，消散在空氣中。慢慢來，跳蚤完全消失之後，請告訴我。

安東尼奧：（一分鐘後）好了，牠們都消失了。

雪莉：非常好。你看到一道美麗的療癒之光撫去了皮膚上搔癢的感覺，治癒每一塊搔癢的地方，使你心靈平靜。如果你覺得好多了，請告訴我。

安東尼奧：（一分鐘後）我感覺好多了。

我查了一下安東尼奧的說法，中世紀的歐洲確實跳蚤肆虐，但人們認為跳蚤象徵幸運。他們發現病人身上幾乎沒有跳蚤，推論身上有跳蚤的人不容易感染黑死病，所以跳蚤代表好運。回溯療程沒有澈底治好安東尼奧的搔癢問題，但確實有舒緩效果，畢竟他的搔癢部分是藥物導致。不過，知道療程對他有幫助仍是一大勝利。

前世擁有完美鼻子的辛西亞

對身體每個部位或自己的外貌百分之百滿意的人，應該不存在。我們都有幾個不滿意的地方，這很正常……但有些人不是這樣。

身體臆形症（body dysmorphic disorder）是一種罕見的強迫症，《精神疾病診斷與統計手冊》的定義是：「認為肢體異常而感到煩惱，例如疤痕、身體部位的形狀與大小，或是其他個人特徵。」

辛西亞年紀在四十歲中段，她來找我做前世回溯，不但發現一個深層的真相，也獲得意料之外的療癒。我面對客戶時，會用直覺感應他們需要的引導意象。沒有一體適用的回溯療程，每個人的需求都不一樣。面對辛西亞，我使用更傳統的典型意象：在一條長長的階梯上往下走，最後進入一個衣櫃。我不常使用這個意象，因為害怕封閉空間跟衣櫃的人滿多的，不過這正是辛西亞需要的意象。

辛西亞走到衣櫃前，進入衣櫃。她試穿了幾件衣服後，一望向鏡子就立刻爆哭。

雪莉：怎麼了？你在哪裡？

辛西亞：（大哭）太完美了！

雪莉：什麼意思？

辛西亞：我的鼻子。（舉起雙手觸碰鼻子）好漂亮。

我不完全明白她經歷的痛苦，所以進一步提問。

雪莉：繼續欣賞鏡子裡的美麗鼻子，於此同時，你會看到鏡子上有一個門把。轉動門把，打開門，帶著美麗的鼻子走入你的人生。留在那個地方，感受一下發生了什麼事。根據你第一印象，時間是哪一年？

辛西亞：一七二九年。

雪莉：很好。你在什麼地方？

辛西亞：法國。

雪莉：你在一七二九年的法國做什麼？

辛西亞：我在法國宮廷裡，非常有錢，非常美麗。

她說自己的丈夫是富裕的地主，也是路易十五的朝臣。我問她有沒有看到今生也認識的人，她說沒有，但是她發現一個重要的關聯。

辛西亞：我的外貌非常完美。我這輩子一直想要重現那樣的美貌，但是沒有成功。我十歲就開始想要整形鼻子。

她回到清醒的意識狀態後，內在似乎變得更加能夠接受自己，她知道今生的外貌不但恰到好處，而且她說：「我有自己獨特的美麗。」

外在出現令我們不滿意的事情時，最好往內在尋找答案。內在不改變，外在做再多努力也不可能獲得改善。

在生命中的許多方面，引導意象與正面肯定都是成功關鍵。以辛西亞為例，前世回溯確實對她大有助益。我後來曾在一個公開場合碰到她，雖然沒有機會私下聊天，但她似乎比我們初相見時更加自在。

被女友嚇壞的傑夫

有一種強迫症叫做戀愛強迫症（obsessive love disorder），雖然不是《精神疾病診斷與統計手冊》正式認可的病症，但根據Healthline.com的定義，戀愛強迫症指的是過度迷戀他人而造成問題的行為。[1]

這幾年我對一個我稱之為「業力執迷」的觀念（Karmic Obsession）很有興趣，意思是當我們莫名的、不健康的被前世的人吸引時，肯定是業力的影響。我懷疑傑夫的問題就是業力執迷造成的，他告訴我，他每次跟女友在一起都感受到深層恐懼。

「她很兇嗎？」我問。

「一點也不兇。但我跟她在一起的時候，總是覺得怪怪的。」

我們討論了分手的可能性，既然這段感情令他如此不舒服，他應該離開她。

他堅決不肯分手。「我不能跟她分手。我知道聽起來很荒謬，但是我不能離開她。我第一次見到她就想追她。她一開始不想理我，我努力了很久她才肯跟我約會。現在我們終於在一起，雖然她不一定用我想要的方式對待我，拒絕我的次數多到我不好意思承認，但我現在沒辦法放手。我一直希望情況會好轉。」

雪莉： 回到你跟她初次相遇的源頭事件，你在哪裡？

傑夫： 英格蘭，一六〇〇年代。我是騎士，她是我仰慕的人。雖然她沒有接受我，但我因為捍衛她的榮譽而死。我以為決鬥能贏得她的芳心，但是沒有成功。

RELIEF療法發揮作用的前提，是客戶必須回到第一個事件發生的時刻。直覺告訴我，傑夫回溯得還不夠遠。所以我請他繼續回溯，他果然說自己還沒回到他跟女友初次相遇的那一世。

---

❶ Cherney, Kristeen and Timothy J. Legg, PhD, "Obsessive Love Disorder: What is Obsessive Love Disorder?" Healthline.com, January 10, 2018. https://www.healthline.com/health/obsessive-love-disorder

雪莉：英格蘭是問題的源頭事件嗎？

傑夫：不是。

雪莉：請回到第一次，回到源頭事件，也就是你們初次相遇的時刻。留在那個地方，告訴我你看見什麼。

傑夫：我是穴居人。

雪莉：很好，是什麼年代？

傑夫：很早，是史前時代。

雪莉：穴居人的你跟雪莉之間有什麼關聯？

傑夫：她是我的伴侶。有動物攻擊她，我為了救她喪失性命。她逃到安全的地方，跟部落裡的另一個男人在一起。

雪莉：很好。這些前世跟你今生的行為有什麼關聯？

傑夫：她很混亂，現在依然如此。我盡全力保護她，所以經常幫助她，但最後輸的還是我。她不是很在乎我，給我一種騎驢找馬的感覺。前世她總是有更喜歡的其他對象。我努力證明自己的價值，但是她不在乎。今生也一樣。雖然不會因此而死，但要是繼續跟她在一起，我只會繼續失望。

針對他的情況進行能量療癒之後，傑夫說出他早就知道的事情：他必須結束這段不健康的感情。這個所謂的女友沒有以對等的方式跟傑夫相處，自初次相遇以後的幾萬年來都是如此。傑夫知道他可以自己選擇。他可以遵循自己的建議，不再跟她連絡；或是繼續嘗試，然後再次心痛。

業力執迷的客戶超乎想像的常見。他們常常問我：「我應該跟他/她在一起嗎？」我的答案都是一樣的：如果你必須問我這個問題，顯然你已經知道答案。我們的靈魂深處都擁有內在智慧跟常識，知道碰到特定的情況該怎麼做。我很同情那些為這些問題受苦的人，我們都碰過這樣的對象，這些衝突是我們在生命中與業力邂逅的結果。

至於傑夫，我不確定他後來決定怎麼做，但我希望他能找到心靈平靜。最後還是回歸到選擇，無論是前世、今生還是來世，我們都有選擇生命經驗的自由意志。

總結

每個人都有自己的怪癖，這些怪癖通常都跟前世息息相關。行為失衡的時候，要看清自己不是那麼容易。我很佩服我的客戶願意接受深度自我分析，找出生命巨大挑戰的根源。

第六章

從創傷中解脫

這一章要介紹的個案，是承受心理創傷與創傷壓力症的人。遺憾的是，現在這樣的人很多。從嚴重的天災，到從殘酷戰場上回來的軍人，心理壓力有各式各樣的成因。雖然我這輩子不曾從軍或上戰場，但我對軍人和心理嚴重受創的人充滿同理心。若你目睹過那些事件，要忘記很難，甚至不可能忘記。

我的執業經驗中，最常見的創傷是親友過世。每個人的一生中，都會面臨失去親友的悲傷。這種哀慟很難受，但你可以學會接受失去親友，學會接受其他令你悲傷的事件。對那些有心理創傷和創傷後壓力症（post-traumatic stress disorder）的人來說，催眠（尤其是前世回溯）可以幫助他們用新的視角看待悲傷事件，得到解脫。

複雜的創傷診斷

創傷的診斷相當複雜，包含多項關鍵因素。《精神疾病診斷與統計手冊》對創傷的定義是：「接觸過真正的死亡或死亡威脅、嚴重肢體傷害或性暴力。」

接下來的個案還算幸運，他們沒碰過那麼嚴重的情境。但是當死亡的感覺揮之不去，跟著幾個世紀前的靈魂記憶延續到今生，可能會使人痛不欲生，除非能出現重要的思維模式轉換。

無法做出感情承諾的潘姆

在寄養家庭長大的孩子成長過程不太安穩，他們從一個寄養家庭換到下一個，很容易形成創傷後壓力，這不令人意外。跟任何沉重的情境一樣，痛苦的情緒可能會在心裡深藏多年。潘姆刻意把這些記憶趕出腦海。她過得很好，生活順遂，但是當她想要談穩定的感情時，問題就會以意想不到的方式出現。

潘姆的年紀二十出頭，個性非常溫和，看起來再正常不過。她有一份自己喜歡的好工作，住的地方環境良好，而且她說她的男友人很好，也很想盡快跟她訂婚。但是有一個問題：她無法做出承諾。

男友一再求婚，但潘姆就是無法給他肯定的答案，這件事嚴重影響兩人的感情，所以她決定來找我做情緒治療。潘姆對自己的人生真誠地心懷感恩。她是毒蟲的孩子，襁褓期在寄養機構短暫待過，三個月大的時候被養父母領養。

「我很幸運，我的家人很愛我，」潘姆說，「他們沒有隱瞞我是養女，也經常讓我知道自己擁有他們的愛。我從未缺過任何東西。我不是在艱困的環境中長大的，但只要想到跟布萊恩共度一生，我就會心跳加速，有一種反胃的感覺。恐懼莫名將我淹沒，使我不知所措、呼吸困難。我告訴布萊恩這些反應不是他造成的，但他總說我在拒絕他。真的不是。我很難過。我知道這件事對他的自信心造成打擊，也很擔心要是不接受他的求婚，他會離開我，那我該怎麼辦？」

潘姆抱持感恩與接受的態度，所以我相信只要提供一點幫助，她就能獲得她想要的人生。即使你幾乎不記得自己過去在地球上的生活，但你的靈魂瞭若指掌。因此療程一開始，我們先回溯到她剛出生時的情況。

雪莉：當你想到自己誕生的那一刻，你會想到怎樣的情緒？

潘姆：恐懼。

雪莉：很好。誰的恐懼？

潘姆：我的生母。她很怕痛，但我出生之後，她害怕失去我。

雪莉：這帶給你怎樣的感受？

潘姆：我以前沒想過她為什麼把我送走，或是考慮過她當時的想法。我猜知道這件事多少還是好的，她確實關心過我。

雪莉：很好。想像上方有一道明亮的療癒之光灑下，融化你的恐懼。慢慢來，如果你覺得好多了，請告訴我。

潘姆：（幾分鐘後）好了。

雪莉：把時間快轉到你被領養之前寄住過的地方，留在那個地方，告訴我發生了什麼事？

潘姆：那裡有好幾個孩子，我的年紀最小。
雪莉：你在那裡有什麼感覺？
潘姆：亂七八糟。其他孩子都在討東西，玩具丟得到處都是。
雪莉：你害怕嗎？
潘姆：一點也不怕。這裡有一種關懷的感覺，不是愛，是關懷。
雪莉：想像白色的療癒之光籠罩那棟房子裡的每一個人。如果你覺得好多了，請告訴我。
潘姆：（幾分鐘後）好多了。
雪莉：快轉到你被新的家人領養的時刻。留在那個地方，仔細感受。
潘姆：（情緒激動大哭）這裡有好多愛。我媽哭了，她一直想要孩子，她很愛我，她好開心，我爸也是，他很少情緒激動，但是他也哽咽了。

我以為可以在她出生或是被領養的時候，找到阻礙她跟男友的創傷，但是她的情況比其他類似背景的孩子好很多。

雪莉：回到使你無法做出感情承諾的源頭事件，然後留在那個地方。

潘姆：我在草地上。

雪莉：很好。時間是哪一年？

潘姆：一六五九。

雪莉：你在什麼地方？

潘姆：愛爾蘭。

雪莉：你是獨自一個人，還是跟別人在一起？

潘姆：我一個人，但我家就在前方。

雪莉：快轉到你在家裡、身旁有別人的時候，留在那個地方。感受那裡的情況。你幾歲？跟誰在一起？

潘姆：我是個年輕女子，跟現在差不多年紀。我在家裡，我的兒子還是嬰兒，我老公也在家。（哭泣）

雪莉：怎麼了？

潘姆：我老公生病了。我照顧他。我去水井打水，他發燒了，我用水幫他降溫……他病死了。

雪莉：快轉到下一個重大事件，留在那個地方。感受接下來發生了什麼事。

潘姆：我的寶寶生病了，兩天後過世。我自己也病了。我躺在床上，但是沒人照顧我。

雪莉：快轉到你在一六〇〇年代的愛爾蘭生活的最後一天，感受一下你過世的過程。

潘姆：我沒有撐太久。我身心俱疲，不戀棧生命。我想死，這樣才能跟家人團聚。

雪莉：現在就這麼做。漂浮到兩世之間的寧靜空間。想像一道療癒之光籠罩這些痛苦事件，洗去你的悲傷。如果你覺得好多了，請告訴我。

潘姆：可以了，我好多了。

雪莉：想到愛爾蘭的家人時，有沒有你今生也認識的人？

潘姆：有！是布萊恩！他是我那一世的老公！

雪莉：你在愛爾蘭的人生，跟你現在的情況有何關聯？

潘姆：我害怕承諾，因為我不想再次心碎。我不希望我們在一起之後，他又離我而去。

雪莉：想像你在愛爾蘭的老公跟現在的男友，一起來到你面前。跟他們談一談。你從這兩世人生得到什麼領悟？

潘姆：無條件的愛。

雪莉：儘管在愛爾蘭發生了那些事，你今生還是可以結婚嗎？

潘姆：可以。

雪莉：快轉到今生的未來，一個你很快樂、很健康、可以無條件愛人的時刻，留在那個地方。

潘姆：我結婚了，我們住在新家裡。一切都很順利。我懷孕了，雙方家人都很開心。

療程結束時，潘姆跟我聊到我們都沒料到問題源自前世。「我早就該知道我可以放心嫁給布萊恩。我第一眼就愛上他了。」

「不對，」我說，「你在那之前就已經愛上他。」

她同意我的說法。潘姆的故事證明了前世有多麼出人意料，以及為什麼有時候會出現出乎我們意料的源頭事件。如果沒有回溯前世，我們絕對不會知道源頭在其他年代。

潘姆後來寫 email 告訴我，她跟布萊恩結婚了，他們很幸福，也很享受婚後的新生活。

海莉的郵輪之旅

有些人莫名喜歡海洋，有些人則是對大海敬而遠之。你或許聽過莎士比亞名劇《哈姆雷特》裡的這句話：「那位女士反應太激烈了吧。」[1]這句話若用來形容前世回溯或其他療法，指的是如果你非常討厭某一件事，這件事極有可能跟前世有關。愛與恨只有一線之隔，在回溯療程中，這條線確實存在。所以聽到有人討厭海洋，立刻引發我的興趣。海莉描述那場悲慘的假期時，我對她深感同情。

「我老公帶我去搭加勒比海的郵輪，慶祝結婚週年。他甚至花大錢訂了套房，他努力打造特別的假期，但我們出海的第一天，我就縮在船艙裡的床上哭到睡著，」她說，「大海風平浪靜，我無法解釋自己為什麼有那樣的反應。但我就是怕得要死。我老公很難受，他覺得都是他害的。我也很難過，因為我讓他失望了，結果我哭得更慘。現在他

---

❶ *Hamlet* Quotes, Goodreads.com. https://www.goodreads.com/work/quotes/1885548-the-tragicall-historie-of-hamlet-prince-of-denmark.

相信我是故意的。他找到明年夏天去希臘的划算價格，但是他一提起這件事，我就全身發抖、冒汗。自從他提出希臘之旅，我每晚輾轉難眠，想到要再搭郵輪就很害怕。我不記得我的夢境，但我知道我不想去。讓我更加焦慮的是我不敢告訴他，所以他還在查詢各種價格。除非我坦白告訴他，否則我就得再次搭郵輪，但光是想到這件事，我就想吐。我覺得要是搭郵輪的話，我一定會死。這是不是很荒謬？結婚週年假期已經是幾年前的事了，但我這次更加害怕。我必須知道原因！」

海莉很快就進入回溯，因為她平常有冥想跟內省的習慣。儘管如此，深刻的過去依然把她嚇了一跳。

雪莉：時間是哪一年？你在哪裡？

海莉：哇……好奇怪。這裡是一七九〇年，我在歐洲。

雪莉：你是男人，還是女人？

我還沒問完問題，海莉就哭了起來。

雪莉：發生了什麼事？

海莉：（大哭）這不公平。我被放在一艘船上，我因為偷食物被逮捕。

雪莉：想像一道明亮的白光灑在你身上，這道光會一直保護你。如果你覺得好多了，請告訴我。

海莉：（哭泣漸漸止息，但仍在抽噎）我好多了，謝謝。

雪莉：你在充滿愛跟療癒的光芒裡，你在這道光芒裡很安全。想像你能看見自己的去向。

海莉：我不知道，我沒受過教育。我肚子很餓，所以我偷了一點我們這個年代的人絕對不敢吃的食物。他們逮到我，現在我跟各種惡徒一起坐在船上，真正的罪犯、殺人犯、強暴犯……好可怕，我不該受到這種對待！我努力辯解，但他們不在乎。他們要（再度大哭）……殺雞儆猴。

雪莉：你沐浴在光芒中，快轉到下一個一七〇〇年代的重大事件。留在那裡，告訴我發生了什麼事。

海莉：我在一艘木船的底部，這裡很臭，食物不夠，我發燒了。

雪莉：充滿愛的光包圍著你。現在快轉到你在一七〇〇年代生活的最後一天，留在那個地方，感受一下發生了什麼事。

海莉：我無聲無息的死於熱病，我沒有抵達這艘船的目的地。

雪莉：現在就這麼做吧。慢慢往上漂浮，漂到兩世之間的寧靜空間。讓充滿療癒和愛的光灑在一七〇〇年代的那些事件上，療癒每一個人，洗去你的恐懼。你在一七〇〇年代學到什麼領悟？

海莉：就算計畫得再好，也不一定能實現。

雪莉：那一世對現在的你有何影響？

海莉：我很有福氣，我過得很幸福。我對船的恐懼來自前世的經驗，但其實郵輪很豪華，有源源不絕的食物，高級的房間。嘿，我發現……這算是某種回報，補償我當年的遭遇。我不該把它當成懲罰。

雪莉：很棒。回想一下你在一七〇〇年代認識的人，包括船上的人，有沒有你今生也認識的人？有還是沒有？

海莉：沒有，不過這依然是一種補償。

雪莉：你是否可以放下你對船隻的恐懼，在今生好好享受搭船的樂趣？

海莉：可以。

雪莉：你什麼時候願意做這件事？

海莉：現在。

雪莉：太好了。想像你跟一七〇〇年代那艘船之間有一條能量連繫，當我從三數到一，你的心靈嚮導會切斷連繫，使你得到自由。三，二，一。切斷連繫。上方有一道美麗而明亮的光灑下，照亮和療癒你跟每一個人，你和那一股能量完全脫離關係。接下來，移動到今生的未來，那時你已澈底克服對船隻的恐懼。留在那個地方。發生了什麼事？

海莉：我在船上。這艘郵輪比上次那艘更豪華，我老公跟我在希臘的小島之間航行。風景絕美，我們很開心。

雪莉：你害怕嗎？

海莉：不怕。

雪莉：一點也不怕？

海莉：第一天剛上船時有點不安，但海象平穩，船上的食物等等都很棒，我就這樣撐過第一天。過了一夜後，就沒有問題了。我們很喜歡這趟假期，我打算以後還要再搭郵輪。

我很喜歡搭郵輪，也在幾段前世中發現自己為什麼跟船有深刻共鳴，所以我當然要求海莉要跟我保持聯絡。她跟老公去了希臘，她說跟之前預見的情況一樣，一開始有點擔心，但後來變得樂在其中。海莉示範了只要做出新決定，就能澈底改變人生。很神奇，對吧？

喬安的南北戰爭創傷

前面提過「超自然回溯」，也就是靈魂回到前世住過的地方，因外在刺激而自動觸發的前世記憶。喬安因為經歷了超自然回溯，所以跑來找我。她老公堅持暑假帶全家人去蓋茨堡（Gettysburg），參加一個南北戰爭重演活動。喬安到了蓋茨堡，就有一種前世曾來過的感覺。回家後她惡夢連連，而且手臂嚴重刺痛，連最簡單的動作都做不了。她去看醫生，卻檢查不出任何問題。就連她老公都開始怪她疑神疑鬼。

前世回溯的時候，喬安發現自己曾在南北戰爭時期照顧傷患，地點就在蓋茨堡戰場附近。有次她在幫傷兵包紮時，發生了意料之外的事件。

喬安：我跪趴在地上，照顧一位身上有幾處槍傷的男人。他傷得很重，我盡快包紮彈孔，用布包裹他的四肢，幫他止血。我忽然聽見身後傳來爆炸聲，距離很近。接著我的上臂突然劇痛，我中彈了。

雪莉：想像你可以呼吸，有一道純白色的光芒流入你的手臂，療癒並釋放你，你可以看見射殺你的人，以及接下來發生的事。

喬安：我看不到他。我倒下了，一直流血。我試著用圍裙包紮手臂止血，但失血過多，我頭很暈，倒在地上。我抬頭看見一個男人站在我旁邊，手裡拿著一把槍。是他朝我跟剛才那名傷患開槍，我們完蛋了。

雪莉：那道充滿愛和療癒的光芒依然籠罩著你，想像你往上漂浮，離開那具身體、那一世人生，進入兩世之間的寧靜空間。想像當時的那個你也漂浮上來，跟你說話。仔細感受你跟她之間的能量連繫，詢問她是否願意讓你切斷連繫，治癒你的手臂疼痛。

喬安：是的，她說可以。

雪莉：太棒了。想像當我從三數到一時，連繫將被切斷。準備好了嗎？三，二，一。切斷！美麗的光芒穿過切斷的連繫，進入你的手臂和那位女士的手臂，這道光芒療癒、釋放、流入這個事件造成的每一個傷口裡。光芒愈來愈輕、愈來愈亮。如果你覺得好多了，請告訴我。

喬安：（兩分鐘後）好多了。

雪莉：太棒了！現在想像你可以漂進今生的未來，一個手臂不再疼痛的時刻。留在那裡，告訴我發生了什麼事。根據你的第一印象，時間是哪一年？

喬安：幾年之後。

雪莉：很好。發生了什麼事？

喬安：我在跟女兒打網球。我小時候很喜歡，但已經好久沒辦法打網球。

雪莉：真棒！你有什麼感覺？

喬安：很快樂，很有活力。我很久沒有這麼靈活了。

喬安找到並療癒問題真正的源頭之後，手臂舊傷造成的幻痛也就此消失了。

創傷後壓力症的情緒傷痕

說到前世的戰爭記憶，創傷後壓力症是新聞裡常見的報導主題。遺憾的是，世界各地軍事衝突不斷，加上與日俱增的大規模槍擊事件，有愈來愈多人罹患嚴重影響身心的創傷後壓力症。

創傷後壓力症是一種有多項確診條件的複雜病症。根據《精神疾病診斷與統計手冊》的定義，創傷後壓力症患者曾經接觸「死亡、死亡威脅、重傷或重傷威脅、性暴力或性暴力威脅；包括直接接觸、目睹上述創傷，得知親人或好友曾經直接或間接接觸上述創傷，例如急救員。以下症狀，患者也必須至少出現一種：作惡夢、記憶重現、不請自來的痛苦記憶或悲痛情緒。」

我可以用創傷後壓力症這個主題寫一本書。不過，先讓我們看看幾個令我印象深刻的個案，幫助你了解 RELIEF 療法如何減輕創傷，幫患者回到正面、正常的人生。

拜現代醫藥之賜，軍人大多可以順利從戰場返鄉，只是傷口存在於看不見的地方。心理創傷往往比身上的傷更難處理。目睹戰爭慘狀的情緒傷痕，可能一輩子也不會好，甚至好幾輩子也難以痊癒，就像以下的個案一樣。

娜塔莉的前世創傷後壓力症

創傷後壓力症有沒有可能從前世延續到今生？在娜塔莉身上，我發現確實有此可能。她說她有一次去墨西哥城旅行，在那裡感受到巨大的痛苦。她不知道自己為何如此難受，但顯然這趟旅程深深困擾著她。

「我參加了一個陸地假期，所以搭飛機前往墨西哥城。在前往瓦哈卡（Oaxaca）跟其他城市之前，我們先在墨西哥城市中心待兩晚，」她說，「我永遠不會忘記參觀墨西哥城北邊那幾座巨大金字塔之後，我回到飯店就開始作夢，應該說是作惡夢。我在夢中被五花大綁加活埋，醒來後嚇到尖叫。我朋友不知道我是怎麼回事。住在墨西哥城的兩晚都是如此。離開墨西哥城之後情況有改善，但偶爾我還是會作惡夢。我想知道為什麼會發生這種事。」

在研究超自然回溯的過程中，我發現你不需要回到原本的戰場，也能誘發創傷記憶。

娜塔莉來找我的時候，問題已困擾她多年，似乎沒有解決之道。我們聊過之後，她認為回溯前世說不定可以治癒她的創傷，終結惡夢。以下是她的故事。

雪莉：回到源頭事件，你第一次靠近墨西哥的金字塔的時刻。留在那裡，感受一下發生了什麼事。時間是哪一年？

娜塔莉：一五〇〇年代？

雪莉：你是男人，還是女人？

娜塔莉：女人。

雪莉：你是獨自一個人，還是跟別人在一起？

娜塔莉：我一個人。

初次踏進前世的人，通常都是獨自一個人。我必須引導他們找到有別人存在的記憶，才能揭露問題真正的源頭。

雪莉：快轉到下一個你跟別人在一起的重大事件，造成惡夢的源頭事件。留在那個地方。你被光圍繞，非常安全。告訴我發生了什麼事。

娜塔莉：我原本是一個人，周遭很安靜。太安靜了。我走進巨大神廟區的某個房間裡，時間是晚上。忽然之間，我聽見吼叫聲跟隆隆聲。我跑出去一探究竟時，他們捉住了我！

雪莉：誰捉住你？

娜塔莉：我不知道，是一群穿著制服的男人。他們把我們拉走，綁起來，然後到處點火。

雪莉：他們打算殺了你嗎？

娜塔莉：一開始好像不是，但到了這裡之後，他們豁出去了。他們想要駕馭我們，如此而已。

雪莉：讓明亮的光芒包圍你和那些事件。慢慢往上漂，離開那個場景，漂到那一世的上方。想像光芒療癒那裡的一切，聲響和情緒漸漸消失，一切恢復平靜。如果你覺得好多了，請告訴我。

娜塔莉：（片刻之後）好了，我好多了。

雪莉：想像你和那些事件之間，有一條光的連繫。你可以切斷連繫，將自己從記憶中釋放出來嗎？

娜塔莉：可以。

雪莉：非常好，切斷連繫。有一道明亮的光穿過切斷的連繫，流入你的心臟、胃、肺臟、手臂、腿和大腦。讓這道光療癒你，提醒你一五〇〇年代的事件跟你已不再有關連。如果你覺得好多了，請告訴我。

娜塔莉：我覺得好多了。

雪莉：你什麼時候可以停止作惡夢？

娜塔莉：現在。

雪莉：非常好。你從一五〇〇年代學到什麼領悟？

娜塔莉：有時候，情況難免失控。

雪莉：這跟你的今生有何關聯？

娜塔莉：我工作了二十年的公司最近被併購，資遣了很多人，但我被留下來。但資遣的擔憂揮之不去，我怕下一個被開除的就是我。

雪莉：一五〇〇年代，有沒有看起來或感覺起來是你今生認識的人？

娜塔莉：沒有。不過這兩種感受非常相似，也就是隨時可能被殺死。我必須記住就算真的被資遣，我也不會有事。

娜塔莉的故事說明了，引發焦慮的不一定是前世的某些人，你對事件的感受也會在今生邂逅類似挑戰的時候受到觸發。在她發現前世與今生的相似之處後，她輕鬆的放下創傷，繼續好好生活。

療程結束兩週後，我收到娜塔莉的消息。她說回溯完她再也沒作過惡夢，現在的她比治療前更加快樂。

道格的戰爭英雄心結

道格很難接受自己今生沒有志願從軍、參戰，但是在回溯療程後，他獲得了新的視角。

「我哥哥不顧父母反對跑去從軍，二〇〇三年前往伊拉克。他的腿受了傷，雖不嚴重，但必須因傷返家。我也想從軍，但父母無法承受家裡有兩個兒子都去打仗，所以我一直沒這麼做。這件事一直讓我有罪惡感。除了罪惡感，還有嫉妒……我哥回家後，我開始做跟戰場有關的怪夢，已經好多年了，這些怪夢一直沒有消失。」

道格說他至少每個月會做一次惡夢，我問他知不知道他有哪些行為可能引發這些惡夢，他找不到特定的原因。我猜他愛看戰爭節目，但他說他很少看電視。他顯然為了某件事心煩。令道格驚訝的是，當他回到前世時，他看到截然不同的情況。

雪莉：根據你的第一印象，時間是哪一年？

道格：一九一七年。

雪莉：發生了什麼事？

道格：我剛滿二十一歲，被徵召入伍。我父母非常煩惱。我有個弟弟，等等！他是我今生的哥哥。

雪莉：移動到你在一九〇〇年代生活的最後一天，感受一下你過世的過程。

道格：我中彈了，我沒有撐到最後。我不確定，因為我已經離開那裡，但是我覺得我那一世的弟弟應該沒有上戰場。

雪莉：這件事對今生的你有何影響？

道格：我們現在處境剛好相反，他去參戰，而我沒有。

雪莉：回想你參加第一次世界大戰的記憶，它們是你做惡夢的原因嗎？

道格：絕對是。

雪莉：別忘了你被守護的白色光芒籠罩著，你很安全，只有對你最有幫助的東西才進得來。移動到最令你不舒服的場景，但想像你漂浮在事件上方，俯視事件的經過。

到了那裡之後，告訴我。

道格：我到了。

雪莉：很好。發生了什麼事？

道格：我們躺在壕溝的地板上。到處都是槍響。我身旁有很多中彈的人在哀號，他們快死了。

雪莉：很好。想像你的天使傳送巨大的療癒之光到這些事件上，光芒把一切變得更輕、更亮。所有的聲音變得愈來愈柔和，寧靜的感覺在這個場景流動。如果你覺得好多了，請告訴我。

道格：好多了。

雪莉：很好。你的太陽神經叢發出一條能量連繫，把你跟這些事件連在一起。待會兒我從三數到一，你的天使會切斷連繫，將你釋放。三，二，一，切斷連繫。

道格切斷連繫，接著我們做了另一個練習。

雪莉：想像當年那個打仗的你來到你面前，他想告訴你，你不需要再次經歷那些事件。現在跟他談一談，談完把結果告訴我。

道格：他說沒關係，我不需要為了這次沒有從軍而難過，我已經完成該做的事。

雪莉：非常好。邀請你那一世的弟弟和今生的哥哥到你面前，跟他們討論一下你們的靈魂來地球上學到什麼領悟。他們說了什麼？

道格：我們注定要在一起。我們已經在一起很多世了。

雪莉：有幾世？

道格：四世。

雪莉：很好。四世都有戰爭嗎？想像你能看見彼此認識的其他世的人生。

道格：有一世好像是在農場，年代不確定。另外一世……非常古老，可能在歐洲。

雪莉：你們是怎樣的關係？

道格：一樣，都是兄弟。我們一直是兄弟。前幾世我們互相扶持，跟現在一樣。一次世界大戰的那一世有點不同，他說他一直沒有放下那件事。

雪莉：你們相伴這麼多世，學到了什麼領悟？

道格：忠誠，支持。
雪莉：非常好。你還有必要重新經歷這些前世的事件嗎？
道格：完全沒有必要。我很高興他……（哽咽）這一次平安歸來。
雪莉：很好。

道格的創傷後壓力症來自很久以前，他找到罪惡感與嫉妒的真正源頭之後，那些不舒服的感覺就消失了。幾年後，他參加了我的課程，告訴我療程結束後的情況：「我的觀點澈底改變，跟哥哥的感情變得比以前更好。」

療癒前世人際關係留下的傷，是前世回溯最棒的效果之一。

布萊德利的亞特蘭提斯創傷

我有個客戶叫布萊德利，他住在德州達拉斯，是個成功的建築承包商。有人說，達拉斯地區住了不少轉世後的亞特蘭提斯人，他們的靈魂一起解決業力。

貪婪與猖獗的物質主義，是亞特蘭提斯覆滅的主因之一。這些靈魂帶著物質主義再次轉世，希望這次能擺脫物質主義，往靈性的方向進化，防止地球再次發生慘劇。

布萊德利跑來找我，因為他已經花了一段時間在身心靈領域尋找答案，想知道自己過去幾年來為什麼經常恐慌症發作。他藏得很好，沒讓身邊的人知道自己的情緒波動，但是發作的次數已漸漸影響到他的生活。

「在工地準備炸掉舊建物的時候，嚴重的恐懼將我淹沒。我胃部絞痛，全身冒汗。這感覺很糟，而且一次比一次嚴重。我試過閉上眼睛冥想幾分鐘，這個方法原本有用，但後來漸漸失效。我不知道該怎麼辦。」

布萊德利說，他的公司經常拆除舊建物。

「這裡夏天很熱，恐慌症發作時我就跑到戶外，讓別人以為我的反應是因為太陽曬過頭，其實我的內心忙著叫自己站好別動。每次聽見建物倒下的隆隆聲，就會有一種深層的衝動，叫我跑得愈遠愈好。」

我引導布萊德利探索前世，請他回到最早引發這份恐懼的事件。我們很快就發現源頭事件發生的年代，比我們想像中更加久遠。

雪莉：你在哪裡，發生了什麼事？

布萊德利：我在一座海島上。

雪莉：是什麼年代？

布萊德利：很早的年代，日期系統尚未出現。我覺得這裡是亞特蘭提斯。

雪莉：很好。你在那一世是做什麼的？

布萊德利：我是工程師……不是電力工程師，是結構工程師。我設計能夠抵擋浪潮的建築，我用比現在更厲害的特殊先進設備來打造建物。

雪莉：快轉到引發今生恐懼的事件，留在那個地方。療癒之光依然圍繞著你，只有對你最有幫助的東西才進得來。你在哪裡？

布萊德利：發生了地震，建築紛紛倒塌、分崩離析，尖叫的人群被壓死。

雪莉：你有料到自己的建物會倒塌嗎？

布萊德利：完全沒有。就算海平面上升，這些建物依然屹立不搖。但這次有別的力量，背後的原因跟技術有關。有種力量正在拆解建物，把一切變成碎片。就像吃蛋糕一樣，用叉子一次叉一口，看著蛋糕在盤子上崩塌成碎屑。我知道聽起來很奇怪，但畫面看起來就是如此。我不知道他們製造的這台機器是什麼，它會穿透物體內部，從原子結構將物體澈底擊碎。

雪莉：快轉到你在亞特蘭提斯生活的最後一天。留在那裡，告訴我發生了什麼事。

布萊德利：我掉進水裡，身體被壓碎。幸好事發的時候，我已經死了。我是被淹死的。

雪莉：移動到兩世之間的寧靜空間，留在那個地方。你從亞特蘭提斯的生活中，學到什麼領悟？

布萊德利：計畫得再詳盡，控制終究不在我們手中。

雪莉：你在亞特蘭提斯的生活，對今生有何幫助？你現在有沒有使用當時就擁有的技能？

布萊德利：絕對有幫助，我負責協助新設計。我們公司經常得創意獎，但我們確實沒有那個年代的能力。但我很喜歡我的工作。我有這方面的才華，建築是我的生存意義。

雪莉：你現在明白你為什麼恐懼了嗎？

布萊德利：當然。

雪莉：你有沒有能力和意願，切斷你與前世的那些連繫，讓自己從今以後到了工地現場更加心安？

布萊德利：答案既是肯定也是否定。想起前世後，我確實可以放下，但我希望我能永遠記住控制不在人類手裡。我必須記住這件事，要是我們這次又重蹈覆轍，我可以做好心理準備。我真實感覺到人類必須得到重要的領悟，否則只會迎來災難。

最後布萊德利獲得療癒，同時也得到有用的提醒，知道生命中哪些事重要、哪些事不重要。我們最後一次聯絡時他告訴我，在那之後，他再也不曾在工地感到恐慌。我希望他能持續獲得療癒。

總結

仔細想想，所有的回溯都是一個發現自己的故事。無論是生活在地球或其他星球上的前世，是幾年前還是史前時代，都是一樣的。藉由療癒、釋放、寬容與接受來重寫你的背景故事，一定會有更快樂的新結局。創傷足以摧毀人生，使你無法想像充滿希望的未來。但這些個案讓我們看見，每一條陰暗的隧道盡頭，都有光明在等待著我們。

第七章
誓言與靈魂契約

前世回溯有一個我很喜歡的功效：解除誓言，結清前世立下的靈魂契約。這是許多人的焦慮來源，信不信由你。所謂的「誓言」，我指的是類似「我再也不要談戀愛了！」或是「我永遠欠你一份情！」之類的話。

你應該看得出來，有些誓言比較認真，有些比較輕鬆。靈魂經常立誓，當我們做出這樣的宣言，推動未來事件與業力的齒輪，就會在我們不知情的情況下開始轉動。

想像你因為在一千年前不小心承諾了某件事，導致今生過得一團亂，但一千年前的你並不知道那個決定會影響一千年後的你。你可以回到事件的源頭，修改或解除古老的誓約，然後繼續向前邁進。以下的個案，都是深受誓言與契約影響的案例。

慎重承諾的誓言

誓言的定義：「一個人對神祇或聖人慎重承諾，他將為某種行為、服務或情境獻身。」❶

這個定義也引述了「誓言」（vow）的字源，可追溯到一二五〇至一三〇〇年的中世紀英語。你能想像從那個年代到現在，我們可能發了多少誓嗎？以下的客戶都在為今生疑難尋找答案的過程中，親身體驗了這些慎重承諾的深刻影響。

克勞蒂亞立誓照顧貓

克勞蒂亞在前面已出現過，她因為動物囤積癖遭到控訴，所以搬到現在居住的城鎮，展開新生活。囤積癖是克勞蒂亞從前世延續到今生的問題，但是她有另一個更深層的煩惱。

克勞蒂亞的例子證明了，善意的誓言有可能毀了你的今生。法院的一紙命令讓克勞蒂亞保證再也不飼養動物，她把注意力轉移到安置與募款。克勞蒂亞在回溯療程中，發現自己前世信奉古埃及的貓神祕教。她今生的這紙無法養貓的法律協議，直接違背當年在埃及立下的誓言。她的一諾千金令我動容，但遺憾的是，她因此過得很慘。以下是療程的後半段：

雪莉：回到你在埃及的生活，留在那裡，移動到你剛剛加入貓神祕教的時刻。到了之後，請告訴我。

克勞蒂亞：到了。

雪莉：很好。感受一下你自己和其他新教徒立誓的過程，請描述給我聽。

克勞蒂亞：有一位女祭司幫我們輪流進行淨化跟燻煙的神聖儀式，然後我們立下誓言。

雪莉：誓言的內容是什麼？

克勞蒂亞：為了執行我的職務，我發誓只要一息尚存，無論如何都會好好照顧貓。

---

❶ "Vow," Dictionary.com. https://www.dictionary.com/browse/vow.

雪莉：很好。想像現在的你，你的高我，可以跟這位女祭師說話。把你在今生為貓的付出告訴她，問她如果你會繼續支持保護貓的組織，是不是可以讓你解除誓言。慢慢來，試著跟她達成協議。

幾分鐘後，克勞蒂亞跟女祭司達成解除誓言的共識，她的付出也收到宇宙的讚許。她同意繼續照顧動物，但不會為此奮不顧身。她決定在長達幾千年的服務之後，她可以放下職務與古老的能量。接著，克勞蒂亞前往今生的未來，她探訪了一段未來記憶。

克勞蒂亞：我現在是保護動物協會的分會董事長，依然忙著為動物募款。差別是我也懂得尊重自己，我養了一隻貓和一隻狗，這樣就夠了，家裡很平靜。我盡力幫助他人照顧動物，也依然付出努力，只是那種困擾我多年的、非做不可的衝動，那種不做這件事就會死的感覺，已經消失了。我覺得快樂多了！

依我們最後一次的對話看來，克勞蒂亞仍致力於保護動物，解除誓言後生活變得更平衡。克勞蒂亞的故事告訴我們，放下過去、向前邁進有多重要。她承認錯誤的勇氣令人欽佩，也證明了內在的轉變能帶來長遠的成功。

喬許的沉默誓言

有一種兒童精神疾病叫做「選擇性緘默症」（selective mutism），《精神疾病診斷與統計手冊》的定義，是在特定情況下無法開口說話的兒童。你或許會好奇，這種病症怎麼會跟前世有關。我的成年人客戶經常在回溯時憶起童年。喬許四十三歲，他發現自己的人生與事業都停滯不前。

喬許生長於天主教家庭，念天主教學校，成年後才離開天主教。他決定進行回溯療程，是因為他說自己做不了任何有價值的事。「我想你可以說，這是中年危機。我必須知道自己的生存意義，是什麼阻止我向上發展。」

他回到過去，發現一件驚人的事。

雪莉：你在哪裡？
喬許：羅馬。
雪莉：根據你的第一印象，時間是哪一年？
喬許：一三六二。
雪莉：非常好。你是男人，還是女人？
喬許：男人。我是樞機主教。
雪莉：你在一三六二年的羅馬擔任樞機主教時，發生了什麼事？
喬許：此刻我看見大家聚集在一個房間裡，這是一場祕密會議。我們必須選出新教宗。討論之間的休息時間，我們深切祈禱，多數時候都在全心全意聆聽天父的聲音。我們請上帝指引我們做出正確決定。這件事很重要。重要到令人生畏。
雪莉：那一世對現在的你有何影響？
喬許：我習慣聆聽，不習慣提出個人意見，我跟當時一樣選擇從眾。
雪莉：理論上這種作法並無不妥，你知道吧？
喬許：是的。但是現在這個年代，若不說出自己的看法，就會被別人無視。時代已經不一樣了。

療程結束後我查了一下資料，發現教廷確實在一三六二年九月二十二日到十月二十八日舉行過祕密會議，選出原名威廉・格里莫阿爾德（Guillaume de Grimoard）的烏爾巴諾五世（Pope Urban V）為教宗。根據梵諦岡的紀錄，一三六二是聖體聖事（Sacrament of the Eucharist）的重要編號。

紀念基督受難與聖體

一三六二：聖餐禮是紀念基督受難的儀式，在教會禮拜儀式中呈現並提供基督的獨特祭獻，亦即聖體。❷

❷ *Catechism of the Catholic Church Part 2: The Celebration of the Christian Mystery Article 3: The Sacrament of the Eucharist*. http://www.vatican.va/archive/ccc_css/archive/catechism/p2s2c1a3.htm.

關於這一點，可能有人會質疑喬許是虔誠的天主教徒，所以他只是說出自己知道的事情。但還有一種可能是一三六二年參加祕密會議的二十位樞機主教之中，有一位是喬許的前世，不是嗎？我認為是的，但無論喬許是否曾在多年前擔任過樞機主教，只要他今生的困境能獲得療癒跟洞察就夠了。以下是療癒的過程：

雪莉：你在羅馬的那一世，就是今生困境的源頭事件嗎？是或不是？

喬許：不是。

雪莉：回到源頭事件，留在那個地方。告訴我發生了什麼事。根據你的第一印象，時間是哪一年？

喬許：非常非常早。

雪莉：西元前？西元後？

喬許：肯定是西元前。

雪莉：你在哪裡？

喬許：跟幾個人一起在學校裡，我想應該是希臘。

雪莉：很好。你是男人，還是女人？

喬許：我是男人。

雪莉：你有什麼感覺？

喬許：我是某種更宏大的東西的一部分，我屬於一個團體，我們穿著一樣的衣服。我們對統治者發動道德抗爭，我們有嚴格的戒律……緘默。

他畏縮了一下，看起來很不安。

雪莉：發生什麼事？

喬許：我開口說話，但我被要求抱持緘默。團體裡的每個人都不能說話，除了領袖。

雪莉：這件事給你什麼感受？

喬許：很討厭。我參加這個團體是為了表達意見，協助促成改變。所以一開始，我不喜歡緘默戒律，後來我終於屈服，這麼做是為了達成目標。

雪莉：那件事對現在的你有何影響？

喬許：一樣。我學會保持沉默，結果就被人踩在腳下。
雪莉：你在希臘的那一世，是這些問題的源頭嗎？
喬許：不是。
雪莉：移動到造成你溝通困難的源頭事件，留在那個地方。你在哪裡？
喬許：亞洲……日本……中國……我活了好幾世。
雪莉：是什麼年代？
喬許：非常早……
雪莉：你在亞洲生活的那幾世，是怎樣的身分？
喬許：我當過和尚很多次。我們經常禁食，並且立誓保持緘默。
雪莉：當時你對保持緘默有什麼感覺？
喬許：當時不一樣。我欣然遵守誓言，因為那是靈性修練的一部分，是一種孤獨的修行，我不喜歡有掌控權的人強迫我。
雪莉：這些前世對你的今生有何影響？
喬許：我一直沒辦法為自己挺身而出。我不想當個貪心的人，但至少應該為自己爭取應得的權益，保持沉默會讓我錯失機會。

喬許離開催眠狀態後，我們進一步討論他的宗教信仰。他今生成長於天主教家庭，雖然他說成長的過程很普通，但小時候的他一靠近神職人員就不敢說話。有些天主教教派奉行緘默，但這種作法並不常見。喬許快成年的時候，這種不安的感覺大致消失，但內心深處依然不喜歡在神職人員旁邊說話。

喬許的另一個問題，是他跟金錢的關係以及沒有辦法累積財富，這或許跟他的許多前世都很貧窮有關。他很擔心現在的存款狀況，也很擔心自己永遠無法退休。我們針對他的金錢和自我價值進行了療癒。

雪莉：你有沒有在前世立過守貧誓言？

喬許：有，好幾次。

雪莉：很好。想像你可以跟前世的你直接對話，邀請他們今天來到你面前，感受一下有幾個人基於宗教信仰而過著貧困的生活。你能不能解除前世立下的每一個守貧誓言？

喬許：可以。

雪莉：你什麼時候可以解除誓言，接受今生的富足與繁盛？

喬許：呃……現在？

雪莉：現在嗎？

喬許：對。

雪莉：非常好。想像今生的你和前世的每一個你之間，都有一條光的連繫。切斷連繫時，祝福並釋放他們。上方有一道明亮的療癒之光灑下，在你們之間流動，澈底解除你在很久之前立下的誓言。

接著，喬許前往今生的未來。沒想到，他下個星期就會去面試一份薪水高出許多的新工作。

雪莉：你在哪裡？

喬許：我剛結束面試，我很開心。

雪莉：太棒了！想像你可以看到再遠一點的未來，留在那個地方。

喬許：我得到這份工作。我坐在新辦公室裡，真是高興。我勇敢說出要求，收入比以前高出許多，我覺得自己得到應有的對待。

關於誓言與契約還有一件有趣的事，那就是我在引導客戶回溯時會避免提出誘導式的問題，而是有用卻模稜兩可的問題，他們會自己找到訊息。不過解除誓言是例外。以喬許為例，我必須知道他是否立過守貧誓言。這是一種直覺，因為他說他當過很多世的和尚或神職人員。如果他確定自己發過這樣的誓，就可以利用自己的力量去解除靈魂契約。

同樣地，當我問客戶是否在前世看到今生認識的人，他們完全可以給我否定的答案。姑且不管我的直覺，喬許確實可能不曾立下守貧誓言。若是如此，我們仍需解決金錢方面的問題，幫助他做出有成效的新決定，而喬許確實做到了。療程結束後，喬許通知我他得到那份新工作，也相信療程幫助他找回自己的聲音。他完成了有價值的目標。

蒂芬妮的避子誓言

三十幾歲的蒂芬妮最近剛結婚，她對懷孕極度恐懼，卻找不到合理的解釋。「我希望老公能幸福，但只要一想到懷孕我就會全身發抖，很像恐慌症發作。我會開始流汗，心跳瘋狂加速。這很奇怪，因為我完全沒理由害怕懷孕。」

她回到過去，以下是她的敘述：

蒂芬妮：我住在塞多納（Sedona）附近，時間是一八〇〇年。我是女性，父親也是今生的父親。他是部落的酋長，把我嫁給一位聲望很高的戰士。我懷孕了，大家很高興，部落一團和氣。我父親也是巫醫，我們給人治病，盡力幫助每一個人。

一切聽起來很美好，但故事急轉直下。

雪莉：快轉到你在塞多納附近的部落生活的最後一天。留在那個地方。感受一下你過世的過程。

蒂芬妮：我死於難產。

雪莉：漂浮到兩世之間的寧靜空間，你很安全。你在塞多納的那一世學到什麼領悟？那段經歷對現在的你有何影響？

蒂芬妮：我知道自己活不了的時候，發了一個誓。我發誓再也不生孩子。

不是每個人都想生孩子，這無所謂。問題出在她今生想生孩子，但這個誓言造成阻礙。她當然可以繼續守約，但是她老公希望他們能盡快生子。

雪莉：你願意解除誓言嗎？

蒂芬妮：我願意。

雪莉：這是你的靈魂第一次發誓不生孩子嗎？

蒂芬妮：不是。

雪莉：回到源頭事件。留在那裡。

蒂芬妮：我在歐洲。應該是中世紀。每個人都病到生命垂危，情況非常糟糕。

雪莉：你是男人，還是女人？

蒂芬妮：我是男人。

雪莉：那一世對你今生的情況有何影響？

蒂芬妮：我的妻子跟幾個孩子都死了，只剩下我一個人。這世界太可怕了，不應該增添新生命，我決定不再生孩子。

雪莉：想像有一道明亮的療癒之光，它治癒並釋放了你的悲傷。邀請中世紀的你來到你面前，跟你對話。告訴他時代已改變，現在的環境非常乾淨，對孩子大有益處，問他是否願意為了未來改變決定。

蒂芬妮：他說他願意。

雪莉：想像你也可以邀請那位美國原住民女子加入。有一道療癒之光洗去她的痛苦，問她是否允許你生孩子，把剛才的原因再說一次。

蒂芬妮：她說她願意。

雪莉：非常好。感受一下你的靈魂是不是只有在這兩世說過不生孩子的誓言，是或不是？

蒂芬妮：是。

雪莉：非常好。你可以也願意解除誓言嗎？

蒂芬妮：是的。

雪莉：讓我們切斷與這兩個人之間的連繫，現在就切斷，想像有一道療癒之光籠罩著你們，如果你們都覺得好多了，請告訴我。

蒂芬妮：好多了。

雪莉：很好。移動到今生的未來，一個你確定你已解除誓言的時刻。留在那個地方，告訴我發生了什麼事。

蒂芬妮：這是兩年後的事。我抱著一個寶寶，我的女兒，她很健康，我也是。大家都很開心，尤其是我老公，他超級興奮。

雪莉：你有什麼感覺？

蒂芬妮：我很愛她，生下她是我做過最棒的事。

雪莉：值得嗎？

蒂芬妮：非常。

雪莉：生產過程順利嗎？

蒂芬妮：因為有現代醫學，一切都比較順利。

雪莉：你打算多生幾個嗎？

蒂芬妮：一定會。

不可思議的是幾年後我巧遇蒂芬妮，當時她推著嬰兒車，裡面坐著她的小女兒。她似乎非常幸福。如果她今生不想生孩子，解除誓言不一定明智。每個人都有選擇生命體驗的自由意志。她在療程中明確表示她和新婚丈夫都想生孩子，而她也這麼做了。

德瑞克的外星人焦慮

德瑞克說多年來經常有外星人來找他，搞得他身心俱疲。我們一起回溯，找出問題的源頭。

雪莉：回到今生之前的某段時間。留在那裡，告訴我發生了什麼事。
德瑞克：我在另一個地方，一個完全不像地球的星球，它不在太陽系。
雪莉：你是人類嗎？
德瑞克：不是。
雪莉：想像你的心靈嚮導在你身邊，他拿出一面鏡子，鏡子漂浮到你面前。看著鏡子，形容你的長相。
德瑞克：天啊！我跟它們長得一樣！我是塞塔人！
雪莉：塞塔人是什麼？
德瑞克：就是小灰人呀！我是小灰人，就是它們來找我！
雪莉：你來自哪裡？
德瑞克：塞塔星球。
雪莉：你長得什麼樣子？
德瑞克：細細長長，透明的皮膚，眼睛像燈泡，我比大部分的小灰人高一些。
雪莉：很好。你跟小灰人之間有什麼協議？

德瑞克：我教它們關於人類的事，它們想知道，因為它們生病了，很多人在垂死邊緣。它們希望人類能幫忙。

雪莉：你有幫助它們嗎？目前為止，你有沒有為它們的健康做出貢獻？

德瑞克：沒有，我一直沒有能夠幫助它們。人類從來不曾給它們帶來什麼好處，不像媒體宣傳的那樣。

雪莉：如果是這樣，它們為什麼還要來找你？

德瑞克：我扮演類似間諜的角色，我傳送數據給它們。

雪莉：怎樣的數據？

德瑞克：一切，舉凡政治、宗教、社會跟社交之類的東西，它們想了解人類行為。

雪莉：但它們不是比我們更先進嗎？

德瑞克：不完全是。

雪莉：能否祝福它們，然後請它們終止你的實驗？

德瑞克：也許可以。

雪莉：想像掌權的那位小灰人能來到你和你的心靈嚮導面前。想像你和嚮導能與他對話，討論你們的契約。小灰人到的時候，請告訴我。
德瑞克：它到了。
雪莉：它看起來友善嗎？
德瑞克：沒有情緒，但也沒有敵意。
雪莉：問小灰人你們的契約已進行多久。
德瑞克：一千兩百年。
雪莉：這段時間你一直在傳輸數據？
德瑞克：是的。
雪莉：你的靈魂為什麼同意做這件事？
德瑞克：我認為這麼做對我的同胞有幫助。
雪莉：你真心覺得小灰人是你的同胞？
德瑞克：不完全是，但這份契約已無法繼續帶來益處。
雪莉：想像你跟嚮導能跟小灰人商量一下修改契約內容，讓我知道討論的結果。
德瑞克：它說我一直都有選擇的自由，我早就可以解除契約。

雪莉：你為什麼沒有這麼做？

德瑞克：我不知道有這個選項。我告訴它這並不公平，因為當時我還小，不記得自己簽過契約，它們早該提醒我。

雪莉：小灰人願意解除契約嗎？

德瑞克：暫時願意。

雪莉：意思是你將來還是必須幫助它們？

德瑞克：也許，如果我去了另一個星球的話。

雪莉：你想這麼做嗎？

德瑞克：不想。

雪莉：告訴小灰人，詢問你們之間的協議是否可以現在就永遠解除。

德瑞克：我告訴它了，它正在確認。

雪莉：它回來後，把結果告訴我。

德瑞克：（一分鐘後）可以，我可以解除契約。它說願意做這件事的人很多，我可以終止任務。

雪莉：有多少人？

德瑞克：幾百人，幾千人。

雪莉：你的意思是說，可能有幾千個地球人願意傳送數據給小灰人？還是包括幾千個來自其他星球的外星人？

德瑞克：我不知道其他星球的事，我說的是地球。除了人類之外，地球上有很多其他物種，你知道吧？其他物種會傳送數據，人類也會。

雪莉：如果有其他物種，為什麼我們不知道它們的存在？

德瑞克：它們到處都是，就在我們四周。它們偽裝成人類的模樣，目的是在地球引發混亂。大家都把罪過怪在小灰人頭上，但其實不是小灰人做的。

雪莉：那是誰？

德瑞克：太多了。小灰人說這不重要，但它警告我在地球要小心。地球很危險。

雪莉：你從你跟小灰人的相處學到什麼領悟？

德瑞克：忠誠。

雪莉：很好。這對你的今生有何影響？

德瑞克：忠誠是好事，但並非沒有限度。當忠誠嚴重影響你的健康時，你就必須改變。

雪莉：你準備好要改變了嗎？

德瑞克：沒錯。

雪莉：很好。想像你跟小灰人之間有一條光的連繫。待會我從三數到一，你的心靈嚮導會切斷連繫，解除契約。準備好了嗎？三，二，一，切斷連繫。想像契約現在變成白紙，你重新被平靜、喜悅跟愛充滿，你將帶著平靜、喜悅跟愛離開，並且把它們散播給你遇到的每一個人。讓療癒之光為你的全身帶來平靜和喜悅，將愛與喜悅傳送給小灰人，感謝它將你釋放，祝福它，想像它離開的時候慢慢漂遠。慢慢來，結束之後告訴我。

德瑞克：（幾分鐘後）小灰人走了。

雪莉：很好。你覺得怎麼樣？

德瑞克：好多了。

雪莉：太棒了！現在想像你漂浮到今生的未來，到一個你善用愛、喜悅與光芒的時刻，你在幫助他人的時候感到幸福而平靜。留在那個地方，告訴我發生了什麼事。

德瑞克：那是幾年後的事，我還在做同樣的工作，但自從睡眠品質變好之後，情況大有改善。我正在參加一個活動，好像是慈善活動，我們在派發食物。

雪莉：很好。你覺得怎麼樣？

德瑞克：很幸福。我盡力幫助他人，我的人生從未如此美好。

你或許會懷疑德瑞克的敘述是不是真的。一如所有個案，我無法確知他們提供的訊息是否為真，但是他相信外星人真的找過他，他找到靈魂契約的源頭事件，他解除了契約，找到人生的幸福之道，這才是最重要的。遺憾的是，德瑞克後來沒有跟我聯絡。我希望他的人生如他所願，充滿喜悅跟平靜。

麥特的護妻誓言

麥特與妻子結褵十五年，婚姻幸福。不過，他很快就感受到結婚誓約的重量。他來找我的前一年，他的妻子找到一份新工作，每次她出門上班，他就會極度焦慮。

他們跟一般夫妻不一樣。麥特待在家裡帶小孩，他的妻子是製藥公司的業務。他們有兩個兒子，分別是五歲跟七歲，麥特每天都開心地接送他們去學校。

他說他很擔心妻子會出車禍，或是在都會區碰到意外。起初她聽了只是一笑置之，但持續的擔憂讓妻子開始覺得他只是占有慾作祟。他們找過傳統的諮商師，來找我催眠已是最後的手段。

麥特在虔誠的基督教家庭長大。他知道我的專長是前世回溯，可是他完全不相信輪迴轉世，所以療程中我一直把這件事銘記於心。我也想知道他今生有沒有被遺棄的經驗，說不定那就是問題的根源。我們聊到他的童年。「你小時候有沒有碰過父親、母親或對你意義重大的成年人過世？」

「沒有。」他很肯定。

「有沒有任何人離開你的生命，或是你曾經搬家？」

「我們一輩子都住在同一個城鎮、同一棟房子裡，」他說，「我爸媽現在還住在那裡。」

年幼的孩子跟照顧者分開後，感受到焦慮很正常。分離焦慮若過度極端，就會演變成精神疾患，有可能延續至成年期。我猜想這會不會是麥特的問題根源。「你以前有過這種感覺嗎？」

「從來沒有。」

顯然有什麼地方出了差錯。是什麼呢？我直覺認為跟前世有關。麥特藉由引導意象回到二十出頭歲、高中、一路回到童年初期。我問他是否有看到任何令他不舒服或不尋常的情況。「回到你對妻子的焦慮感的源頭。」

我請他感受今生的各個面向，但他就是找不到合理的源頭。他睜開眼睛時充滿挫折感。「沒有用。」

我同意。休息後，我請他再試一次。他再次回到童年初期，還是什麼都沒找到。最後我說：「允許你的潛意識心智回到這個問題的源頭事件。」

他呼吸變得粗重，然後說了：「喔……」

雪莉：你在哪裡？

麥特：這應該是我的想像。

雪莉：太好了。你想像到什麼？

麥特：有街道跟車子，只是它們……很不現代。

雪莉：很好。它們是什麼模樣？

麥特：（態度遲疑）像是二十世紀初的福特T型車。我不知道，它們很大，比我還大，我很小。這太奇怪了！

雪莉：沒關係，繼續發揮想像力，你是從自己的視角看世界嗎？

麥特：對。

雪莉：看看你的手，是什麼樣子？

麥特：是小孩的手。

雪莉：很好。你是獨自一個人，還是跟別人在一起？

麥特：我前面有一個女人。這聽起來很奇怪，但她……是我母親。她穿著羊毛長大衣，她正在過馬路。

他搖搖頭，情緒激動起來。

雪莉：怎麼了？

麥特：我母親……被撞到了。有輛車撞到她，她倒在地上。我衝到她旁邊，但是……

（陷入悲傷）。

我們用光將他包圍，在讓他漂浮在這些事件上方。然後討論了前世母親的死，對現在的他有何影響。

雪莉：這些事件和你的今生有什麼關係？

麥特：我的太太，也就是兩個孩子的母親，我發過誓要保護她。

雪莉：很好。在車禍事件中，你的妻子跟你母親是什麼關係？

他拭去臉上的淚，顯然經歷了某種既真實又傷感的事情。我小心不稱之為「前世」，因為我希望麥特能放心的敞開心胸。

麥特：我不知道……我搞不懂這個畫面。不知道為什麼，看見那位母親死在我面前，讓我非常擔心我太太。我發誓要保護她，所以我必須信守誓言。我也不希望孩子們像我一樣失去母親，雖然我不知道我為什麼會有這種想法。

出於直覺，我相信麥特前世的母親就是他今生的妻子。不過，我迴避了這個事實，用不一樣的方式進行療癒。

雪莉：你現在能明白這兩件事彼此無關，你的妻子很安全嗎？

麥特：可以。

雪莉：想像你是那個小男孩，有一道美麗的光灑在你身上，使你感到放鬆、舒服。

麥特極有可能在前世承諾要保護母親，那個承諾意謂著他必須保護所有的母親，尤其是他自己的孩子的母親。如果他能接受前世觀，我很想確認他前世的母親是不是今生的妻子。不過，我沒把這些念頭說出來。我知道這是誓言在作祟，而且無論麥特是否知道，他與誓言之間確實有連繫，這才是最重要的。我們用療癒之光籠罩麥特幾分鐘，他漸漸冷靜下來。我請他想像自己能移動到未來，一個他對妻子的新工作比較放心的時刻。

雪莉：想像你來到未來的某個時刻，你太太正要出門，你向她道別。留在那個地方。你有什麼感覺？

麥特：鬆一口氣，我知道她不會有事。

雪莉：知道你很支持她，她是什麼反應？

麥特：我一直很支持她，未來也會繼續支持她。我希望她能快樂，她知道我有多麼以她為榮。

麥特的例子告訴我們，前世回溯也能幫助不相信輪迴轉世的人。我們從麥特身上看見，就算不相信前世，依然可能被前世影響。很多人在尋求前世答案的時候，最遠只能回溯到今生的早期記憶，通常是由於宗教因素。我以為麥特也一樣。但是在他允許自己用安全的方式發揮想像力之後，他接收到超乎預期的療癒，而且他還用他接收到的資訊改變看待婚姻的觀點。我沒有再收到麥特的消息，但我希望他透過療程理解焦慮的源頭之後，生活能得到改善。

總結

誓言是最有趣的前世回溯。靈魂做決定的過程似乎隨意，做出選擇後才知道生命各方面都必須配合才行，但它們配合的方式不一定合乎我們的心意，這件事深深吸引著我。

第三部

前世業力清理的步驟

接下來，在看完RELIEF療法的介紹之後，你也有機會親身體驗。你已經看過幾個實際個案，現在你將在第三部使用相同的步驟，在自己的今生創造一個更平靜的體驗。先複習一下，RELIEF代表：

一、辨識

辨識出焦慮或創傷的源頭，回到事件發生的起始點。

在前面的個案中，我一定會帶客戶回到源頭事件，讓問題在起始點獲得療癒。你可以自己做到這件事。有時候回到源頭得花一點時間，有時候立刻就能到達。這取決於你的高我、心靈嚮導跟靈魂是否已做好準備。

二、消除

釋放源頭事件帶來的恐懼或焦慮，消除情緒負擔。找到創傷的源頭事件或地點之後，切斷你與焦慮源頭之間的光的連繫，讓自己擺脫那股能量。

三、照亮

利用療癒和震動，照亮特定事件的能量頻率。

切斷連繫後，用療癒之光消除創傷，或是讓愛與平靜的能量流入源頭事件，直到你覺得它不會再引發焦慮。

四、融合

從過往經驗中得到領悟，藉此將新的高頻能量與身、心、靈融合在一起。

當療癒之光漸漸改變一切，療癒的另一個作用是領悟一件事為什麼會發生。這就是化業力為助力，也就是接受負面經驗，找到能使靈魂增長智慧的洞察和領悟。

五、灌注能量

灌注能量給與事件有關的內在思想、領悟與全像思想形式，使它們不再應和低頻的恐懼、壓力和焦慮。

得到領悟之後，能量會變化，使你有能力帶著新思維好好生活。

六、未來

走進現世的某一個未來場景，在這個場景中，問題都已解決並獲得療癒。把那股能量帶回此時此刻，用全新的視野繼續向前邁進。

當你前往今生的未來時，最好是能讓你親身感受療癒後的人生有何不同的時刻。然後帶著那股能量回到今天，朝著更大的幸福、喜悅與平靜努力。你準備好了嗎？

第八章

正向改變的引導催眠與練習

第八章提供幾個循序漸進的練習，這些練習環環相扣，可以用來鬆開你對現狀的執著，敞開心胸療癒過去，進入更高的存在狀態。催眠只是過程，不是目的地。還記得害怕隧道的卡蘿嗎？她回溯了不只一次才找到問題根源。有時候，心急不得。

這本書裡所有的引導催眠都是分層次的，新的洞察會隨著時間慢慢浮現，也就是當你的靈魂與高我準備好融合新訊息的時候。視需要經常練習，就能接收到答案。每完成一趟催眠之旅，都像又剝開如洋蔥般一層層的記憶。

此外，你必須習慣這些步驟。正因如此，這些步驟環環相扣。就像在健身房運動一樣，每訓練一次，肌肉就愈強壯。每一個練習都會使你擁有更多面對未來的洞察和力量，為你的人生創造最佳可能，所以你可以反覆練習，任何時間都可以。

說到這個，為了讓練習發揮最大效用，強烈建議你錄音，事後重複播放可獲得練習的最大效益。

我知道你的意識心智可能不喜歡自己的聲音，但是請相信我，在潛意識心智中，你的靈魂很喜歡聽你說話。

現在錄音比以前簡便許多。你可以在手機或任何手持裝置下載錄音程式，唸出練習中的段落，製作可供重複使用的個人化催眠之旅。事不宜遲，開始吧！

筆記本與恐懼清單

寫下你的體驗，對釋放焦慮和消除創傷來說也很重要。我在療程開始前，總是會請客戶先寫一封信，讓心智先把需要療癒的問題想好，希望你也這麼做。

假設正在看書的你，也受到前世的影響。無論你是否知道問題的源頭在哪裡，我想你一定知道煩憂的感受，或是知道前世的問題給今生製造了哪些困難。

◎練習1

為了幫助你喚醒記憶，我會問幾個問題引導你，幫你找出你最想放下的事。

一、想想你害怕的事：動物、情境或人。列出你想到的事，每次想到一個新的，就寫上去。

二、寫好之後，全部看過一遍，判斷哪些恐懼很合理，哪些超出正常範圍，把非常困擾你的或是你覺得太誇張的圈起來。

三、盡你最大的能力與記憶力，寫下每一個恐懼的原因或源頭。假設你怕蛇，是不是因為小時候差點踩到蛇，還是有更深層的原因？有時候我們自認知道焦慮與恐懼的原因，但催眠卻會挖出更多我們不知道的事。我們多半知道自己為什麼會害怕那些令人討厭的東西。

四、寫下生活主要方面碰到的其他困難：感情與人際關係、健康或金錢。

五、你有焦慮症嗎？如果有，是什麼時候開始的？

六、如果有恐慌症，恐慌症發作時有什麼感覺？例如一開始皮膚癢癢的，然後頭很痛。恐慌症發作時，會發生什麼事？當時你在做什麼？也許是在開車、工作，或是跟特定的人交談。或許你從未停下來思考源頭事件或觸發點，但是利用覺察想一想恐慌症如何發作，以及為什麼發作，這些是非常有幫助的資訊，有助於釋放負面能量。

慢慢寫，想像你在跟最好的朋友傾訴。除了你之外，沒人會看到這張清單，所以請誠實詳盡的填寫。接下來做後面的練習時，把筆記本放在手邊，隨時記錄你想追蹤的想法和主意。

深呼吸放鬆

我酷愛用呼吸練習讓身體保持平靜。我最喜歡在瑜伽課上做呼吸練習。我大力推薦瑜伽。一邊深呼吸一邊伸展身體，是最放鬆也最療癒的事。呼吸與心智跟身體連成一氣，帶來深層的平靜，就算是最嚴重的壓力源也會因此減輕。

除了各種神奇的好處，瑜伽之所以如此充滿力量，是因為瑜伽的呼吸技巧，能幫你有意識的覺察自己的呼吸習慣；錯誤的呼吸習慣是造成壓力跟焦慮的主因。最好的呼吸練習都很簡單，目的是把意識覺察集中到呼吸上，迫使你慢慢呼吸和放鬆。

用鼻子吸氣跟吐氣益處最大，因為可以活化副交感神經系統，幫助身體休息跟消化食物。用嘴巴吐氣會活化交感神經系統，刺激戰—逃衝動，還會增加壓力荷爾蒙皮質醇的濃度，使血壓跟腎上腺素飆升。

這是有原因的。人類還住在洞穴裡的年代，需要更多腎上腺素才有力量跑得比掠食者還快。用嘴巴呼吸可增加讓我們快跑的荷爾蒙，有助於保命。

生活於現代社會的我們，已不再需要逃跑求生、爭搶食物或逃離掠食者。有意識的後退一步，用鼻子緩慢呼吸，可使肺部均勻的充滿空氣，自然而然的冷靜下來。

研究顯示，容易焦慮的人通常換氣過度，這些年來我遇過不少這樣的客戶。這是用嘴巴呼吸直接造成的，恐慌時沒有適當的工具能讓自己冷靜下來。當你開始注意好好呼吸，身體會自然療癒，恢復正常功能，使你覺得冷靜、自持、放鬆。

有位瑜伽老師指導我們做喉式呼吸（Ujjayi Breath），方法是用鼻子吸入一口很深的、療癒的空氣，再從鼻子吐氣；吐氣時想像這口氣在喉嚨後面翻滾，猶如海浪拍岸。

這種深呼吸能讓身體保持溫暖，讓肌肉跟神經系統好好休息。

進入喉式呼吸之後，可在腦海中數數讓呼吸保持平衡，用一樣長的時間吸氣跟吐氣，這也是為了製造平衡。如果你心中有擔憂，這麼做能使大腦專注於簡單任務，釋放擔心和憂慮。

有空儘量做瑜伽很棒，但你可能沒有時間。你可以在每天早上開始活動前、每晚睡前或任何需要控制情緒的時候，花兩分鐘用簡單的呼吸法。讓我們做一個簡短的練習試試看，你可以錄音備用。

◎練習2

坐在一張舒服的椅子上，雙手放在大腿上，雙腳踩地。閉上眼睛，專注呼吸。用鼻子吸一口很深的、療癒的空氣，然後用鼻子吐氣。

如果一開始覺得很難，先用鼻子吸氣，嘴巴吐氣。愈常練習，就會愈簡單。

感受空氣進入你的身體，想像你吸入喜悅和放鬆，吐出緊張和壓力。非常好。

每吸進一口氣，你的身體就變輕了一點，也放鬆了一點。

接下來，一邊用鼻子吸氣，一邊數到四。準備好了嗎？

吸氣，一、二、三、四……吐氣，一、二、三、四。慢慢平衡吸氣跟吐氣。

吸氣，一、二、三、四。吐氣，一、二、三、四。

非常好。

再一次。吸氣，一、二、三、四。吐氣，一、二、三、四。

重複做幾分鐘。一邊呼吸，一邊想像身體裡緊繃的地方慢慢消失。隨著每次呼吸，你變得更加平靜，也更加放鬆。

繼續吸入平靜、喜悅和愛，一、二、三、四。吐出緊張，一、二、三、四。把身體裡緊繃的地方全部吐出去。非常好。

吸入平靜、喜悅和愛，一、二、三、四。吐出平靜、喜悅和愛，一、二、三、四。把正面的感受傳送給世界。

再一次，吸入平靜、喜悅和愛，一、二、三、四。吐出平靜、喜悅和愛，一、二、三、四。把正面的感受傳送給世界。

當你覺得你已獲得充分休息、神清氣爽，請張開眼睛，開始你的一天。

任何時候，只要你需要補充一點能量，都可以做這個平衡呼吸練習。如果你願意的話，也把想法與感受寫在筆記本裡。釋放你不想要的情緒，用新的、充滿愛的想法取而代之，是不是感覺更好了？享受這趟旅程，經常練習呼吸；需要提振精神的時候，隨時都能做。

漸進式肌肉放鬆

對飽受壓力和焦慮之苦的人來說，漸進式肌肉放鬆是很有用的練習，有助於拿回掌控權並控制壓力。這個練習將以前一個呼吸練習為基礎。不過，這次你除了專注呼吸之外，也要對不同的肌群施展心理力量，先繃緊肌肉，再有意識的放鬆肌肉。

肌肉放鬆練習極為有用，因為你先用意識心智的力量繃緊肌肉，再選擇放鬆肌肉。在命令肌肉鬆開的過程中，你會有一種焦慮由你掌控的感覺。一起做個簡單卻充滿力量的漸進式肌肉放鬆練習，親身體驗它的功效。如果你願意的話，練習過程可錄音。

◎練習3

坐在一張舒服的椅子上，雙手放在大腿上，雙腳踩地，閉上眼睛。

用鼻子吸一口很深的、療癒的空氣，然後用鼻子吐氣。感受空氣進入你的身體，想像你吸入愛和喜悅和放鬆，吐出緊張和擔憂。非常好。

吸氣，一……二……三……四。吐氣，一……二……三……四。

吸氣，一、二、三、四。吐氣，一、二、三、四。

非常好。

隨著每次呼吸，你變得愈來愈放鬆。

想像你能將注意力集中在頭部，擠擠眼睛，皺皺鼻子。把這兩處的肌肉繃到最緊。吸氣。閉氣，一、二、三、四。吐氣，一、二、三、四。鬆開肌肉。

接下來換下顎，像用力微笑一樣繃緊嘴唇跟下顎肌肉，繃緊肌肉時吸氣，閉氣。

然後一邊吐氣一邊鬆開肌肉，想像下顎變得非常非常輕鬆。

想像你能聳肩，讓肩膀儘量靠近下巴。吸氣時，繃緊肩膀肌肉。閉氣，一、二、三、四。吐氣，一、二、三、四，一邊吐氣一邊鬆開肌肉。非常好！

現在換一邊吸氣一邊用力握拳，繃緊手臂肌肉。閉氣，一、二、三、四。吐氣，一、二、三、四，一邊吐氣一邊鬆開肌肉。想像兩條手臂現在變得很沉、很放鬆。

現在繃緊腹部肌肉。一邊用鼻子吸氣一邊用力繃緊腹肌。閉氣，一、二、三、四。吐氣，一、二、三、四。隨著空氣從肺部被釋放，你感覺到腹肌變得放鬆。

一邊繃緊臀部股肉一邊深吸一口氣。閉氣，一、二、三、四。一邊放鬆肌肉一邊吐氣，一、二、三、四。

一邊繃緊大腿肌肉一邊深吸一口氣，大腿後肌用力擠在一起，一、二、三、四。吐氣，一、二、三、四，鬆開肌肉。

繃緊雙腳的肌肉，一邊擠壓腳趾和繃緊小腿，一邊吸氣，一、二、三、四。吐氣，一、二、三、四，鬆開肌肉。

現在，盡你所能，一邊深吸一口氣，一邊繃緊全身的每一條肌肉。閉氣，一、

二、三、四。一邊鬆開肌肉一邊吐氣，一、二、三、四。

感受全身變得更加放鬆，釋放身體的壓力一點也不難。做得很好！

張開眼睛，開始這一天。你會覺得自己比之前更清醒、更有精神、更舒服。

感覺如何？有意識的繃緊和放鬆肌肉來控制身體的壓力，當你在面對外在世界的壓力時，也會更容易放鬆。深呼吸搭配有意識的決定釋放壓力，你的身、心、靈都會變得更平和寧靜。

如果你感受到引導的力量，可以把心中的任何想法寫在筆記本裡。深呼吸和肌肉放鬆，通常有助於釋放痛苦記憶，這時你可以用喜悅與平靜的正向訊息取代痛苦記憶。這個過程通常只需一秒鐘，它能澈底扭轉你一整天甚至一輩子的感受與情緒。做得很好！

找到你的快樂小天地

我們都需要一個家，就算是前世回溯也不例外。幾年前，我創造了我自己的快樂小天地，直到現在我每次進入引導催眠之前，都還是用它當起點。

在你的腦海裡創造一個安全的空間，做為催眠的起點，這種作法能使你更有信心的進入未知的國度。

接下來的練習，將幫助你找到和前往你的快樂小天地，那裡充滿使你感到心平氣和的東西。你的快樂小天地只存在你的腦海中，一旦打造完成，這個內在聖地就會變得很真實。任何時間，只要你有需要，閉上眼睛就能進入這個空間。我有個客戶生動的描述了她的快樂小天地，或許能幫助大家了解這是怎樣的空間。「我的快樂小天地是亮粉紅色的！有閃亮的水晶，粉紅色沙發，粉紅色的軟沙發。簡直就是迪士尼樂園！很好玩、很安全、很開心，充滿安全感。」

也有客戶的快樂小天地是森林小屋，沙灘上的小房子，各式各樣都有。重點不是小天地的樣貌和地點，而是你真心喜愛它，而且它令你感到既快樂又安全。準備出發尋找你的快樂小天地了嗎？走吧！

◎練習4

坐在一張舒服的椅子上，雙手放在大腿上，雙腳踩地，閉上眼睛。用鼻子吸一口很深的、療癒的空氣，然後用鼻子吐氣，感受空氣進入你的身體。想像你吸入愛和喜悅和放鬆，吐出緊張和擔憂。非常好。

平衡你的呼吸。跟之前一樣留意吸氣的時間，吐氣也使用一樣長的時間。讓身體放鬆，你可以吸入正面感受，吐出你不想要的情緒或能量。非常好！

讓一道純白色的光芒從頭部進入，慢慢往下流進你的眼睛、鼻子、下顎。持續呼吸，讓光芒往下流進你的脖子跟肩膀，你的手臂、手肘、手腕、手掌跟手指。光芒滑過你的背脊，流進你的心臟、肺臟，流到脊椎底部，然後沿著雙腿流進你的兩隻腳。

感受光芒從你的心臟傾瀉而出，形成一顆美麗的金色光球將你籠罩，光球直徑約一公尺。想像你在寧靜的金色光球裡漂浮，同時吸氣，一、二、三、四，吐氣，一、二、三、四。

你在療癒的金色光芒中，只有對你最有幫助的東西才進得來。

非常好。

想像正前方有一扇門。你看得見也摸得到這扇門，或是內在知道面前有一扇門。當我數到三的時候，你會走進那扇門。準備好了嗎？一，二，三，開門。打開門，走進或漂進一個你真心喜愛和享受的美麗空間。看一看四周，感受美好的療癒能量。這裡可以是室內也可以是室外，可以是晴天也可以是陰天，或許是一個漂亮的房間。花一點時間感受這個空間，你在這裡非常安全、充滿能量。

我數到三的時候，你將會抵達你的快樂小天地。一，二，三，你已經在那裡了。留在那個地方，仔細體會內心的平靜。這個空間很特殊，你隨時都能進來這裡接受療癒。

用鼻子深深吸氣，一、二、三、四。吐氣，一、二、三、四。一邊呼吸，一邊讓自己在快樂小天地裡澈底放鬆。吸入喜悅、平靜和幸福的能量，一、二、三、四。吐氣，一、二、三、四。非常好。

轉過身，走出那扇門。你知道你隨時都能回到快樂小天地，而且次數不限，只要你想來或需要來的時候，都可以過來。

回到起點，待會我會從五數到一，你將回到原本的地方，你會覺得自己比之前更清醒、更有精神、更舒服。

五……踏實、專注、平衡。

四……今晚在夢中繼續處理這股新的能量，明天早上你將與你的快樂小天地完全融合為一。

三……美麗的金色光球依然籠罩著你，你知道只有對你最有幫助的東西才進得來，你發現自己小心的移動，做任何事都很謹慎。

二……踏實、專注、平衡。

一……你回來了！

非常好！找到自己的快樂小天地，你開心嗎？它是否符合你的期待？有沒有令你意外的地方？

你可以記下快樂小天地的某些細節，因為在接下來的練習中，你還會造訪這個特殊的空間許多次。把你認為重要的事記錄下來。它看起來是什麼樣子？室內還是室外？儘量回憶，寫下細節，快樂小天地會慢慢演進和改變。快樂小天地最重要的作用，是讓你喜歡待在那裡，把它當成每一趟旅程的基地。你做得很好！

認識心靈嚮導

催眠最重要的一件事，是獲得心靈嚮導或天使的支持，請祂們擔任指導員兼全知夥伴。祂們會一路相隨，在你探索心智的內在結構時守護你。

美國CBS新聞的一項民意調查顯示，有百分之八十的美國人相信有天使。❶有些人喜歡把這些神聖的幫手想成心靈嚮導，有些人則是使用動物圖騰。這三種方式我在人生的不同時期都使用過。無論你想怎麼稱呼協助你的這些存在，催眠時有一位全能幫手確實很有助益。

在催眠的旅途上，除了找到一個特殊的安全空間（例如快樂小天地），有一位知識淵博、值得信賴的朋友陪伴你，可增加心靈安定。祂不但會支持你，也全方位了解你。

一位已經陪伴你幾千年甚至更久的嚮導，還有比祂更適合你的幫手嗎？

我的客戶玫莉曾描述她與兩位嚮導碰面時的情況：「我的天使來找我。她穿白色衣服，一頭棕色的長捲髮。她給我一顆亮粉紅的心。這顆心裡充滿『真實的愛』。她把心的能量放進我的身體裡，我的身體散發出充滿愛的亮粉紅色光芒。我給天使一只手錶。手錶代表『時間』。我放下追逐行程表以及跟時間有關的一切。有一隻烏龜跑來找我。烏龜代表時間，傳遞要我慢下來的訊息。我不應該著急，我要保持冷靜與緩慢。」

玫莉遇到兩位嚮導，這絕對是有可能的。在嚮導現身之前，你無法預料來找你的嚮導是誰。在我們練習的時候，你只需要一位主要嚮導來幫助你完成**RELIEF**療法的剩餘步驟。

我相信我們都有許多無形的嚮導與幫手，祂們會在生命的不同階段陪伴我們。你在這裡遇到的嚮導，可能是特地來幫你透過**RELIEF**療法解決問題的。現在就跟你的嚮導

---

❶ Poll: Nearly 8 in 10 Americans believe in angels — CBS News, last modified December 23, 2011. https://www.cbsnews.com/news/poll-nearly-8-in-10-americans-believe-in-angels/

見面。如果你早已認識祂，這也是個重新連繫的好機會。準備好了嗎？開始吧！

◎練習5

坐在一張舒服的椅子上，閉上眼睛。

用鼻子吸一口很深的、療癒的空氣。隨著每次呼吸，你變得更加放鬆。

繼續吸入平靜、喜悅和愛，一、二、三、四。吐出緊張，一、二、三、四。非常好。

吸入平靜、喜悅和愛，一、二、三、四。吐出平靜、喜悅和愛，一、二、三、四。把正面的感受傳送給世界。

非常好！讓純白色的光芒從頭部進入，慢慢往下流進你的眼睛、鼻子、下顎，你的脖子、肩膀、手臂，再滑下你的背脊。

在充滿愛的光芒裡繼續呼吸，光芒慢慢往下流到脊椎底部，流進你的大腿、膝蓋、小腿、腳踝、腳跟，流進你的腳底板和每一根腳趾。

想像光芒從頭頂流到雙腿、再流到腳底的過程中，變得愈來愈明亮。製作一顆屬於你的美麗金色光球，將自己完全包在光球裡。你在金色光球裡漂浮，這裡非常安全，你知道只有對你最有幫助的東西才進得來。你的正前方有一扇門。你以前有來過，直接走過去開門就行了。準備好了嗎？一，二，三。走進那扇門，進入你的快樂小天地。

感受你的快樂小天地，讓自己樂在其中。想像有一個人從上方慢慢漂下來，來到你旁邊。感受一下祂是天使、心靈嚮導、過世的朋友或你所愛的人，或是其他幫手。很好。從現在開始，我們將用「嚮導」稱呼這位特別的存在。想像你的嚮導陪在你身邊，祂們向你問好。

你的嚮導可能是你以前合作過的人，但你們也可能是第一次合作。無論如何，向祂問好，感謝祂今天來陪你。感受嚮導給你的深刻的無條件之愛，以及祂對你的高度尊重。非常好。嚮導是你的幫手，祂已經陪伴你很久、很久，對你、你的靈魂以及靈魂的旅程瞭若指掌。

花幾分鐘跟嚮導建立連繫，你可以問任何問題。問完之後，想像你感謝嚮導今天來陪你，然後看著祂慢慢向上漂浮，回到祂最初來的地方。你知道，你們一定會重逢。

轉過身，走出那扇門，回到起點。

待會兒我會從五數到一，你將回到原本的地方，你會覺得自己比之前更清醒、更有精神、更舒服。

五……踏實、專注、平衡。

四……今晚在夢中繼續處理這股新的能量，明天早上你將與新的洞察完全融合為一。

三……美麗的金色光球依然籠罩著你，你知道只有對你最有幫助的東西才進得來，你發現自己小心地移動，做任何事都很謹慎。

二……踏實、專注、平衡。

一……你回來了！

做得很好！見到心靈嚮導，開心嗎？你以前跟這股神聖能量合作過嗎？還是初次合作？

你可以花一點時間，寫下初次會面時，心靈嚮導分享的重要資訊。相信我，以後還有更多。在接下來的練習中，先把這種充滿愛與滿足的平靜感受留在心中。

切斷連繫

切斷連繫在這本書中出現非常多次，你隨時都能藉由切斷連繫來消除壓力和焦慮。切斷連繫可用來釋放你跟任何壓力源之間的緊張關係。基本觀念很簡單：發揮想像力，看見你和所有人事物之間都有一條能量連繫。在需要消除緊張的時候，你可將連繫切斷，傳送療癒之光給自己和對方。切斷連繫不代表我們跟對方永遠分開，這個過程更像是為對方獻上明亮的祝福。在後面章節的練習中，你會經常切斷連繫。現在先用簡單的示範了解步驟。

◎練習6

坐在一張舒服的椅子上，閉上眼睛。深深地、療癒地呼吸。完全放鬆之後，想像自己在一顆美麗的金色光球裡，光球保護和療癒你。非常好。

想像你在一個安全的地方，你可以邀請使你困擾的人、事、物來到面前。可能是一個人，例如上司、同事或不久前使你覺得相處不易的人。

想像漂浮在你面前的是他的高我，他的靈魂。無論他在真實世界裡的行為是好是壞，此刻在你面前的是最良善的他。如有需要，允許對方向你道歉。可能的話，接受對方的道歉。注意你們之間有一條光的連繫，這條連繫可能是從你的腹部／太陽神經叢伸出，把你跟對方連在一起。

想像你的嚮導現身，手裡拿著一把巨大的金色剪刀。待會我數到三的時候，你的嚮導就會剪斷這條連繫。準備好了嗎？一，二，三，剪斷連繫。

連繫剪斷後，上面灑下美麗的療癒之光，光芒流過剪斷的連繫，流進你的身體，為你帶來療癒和釋放，也療癒了對方。

想像對方變得很輕盈、很明亮，然後慢慢漂走。做得很好。療癒之光持續從腹部流出，流入你的心臟、雙腿和雙腳，再往上流進你的心智。你覺得更輕盈、更明亮。

當你準備好的時候，感謝嚮導今天的協助。當我數到三，你將回到原本的地方，你會覺得自己比之前更清醒、更有精神、更舒服。

一……踏實、專注、平衡。二……持續從光芒裡接收療癒；三……你回來了！

效果如何？你有什麼感覺？將想法寫在筆記本裡。我保證，你把愛和祝福傳送給生命中很難相處的人，一定會收到很棒的獎勵。這些年來我看過這個作法帶來無數奇蹟，就算一切只發生在你的心智中，對方的靈魂依然能得到療癒。

我遇過跟家人決裂、彼此多年冷戰的客戶，在切斷連繫之後就接到對方打來的電話，他們恢復聯絡，並且療癒了舊傷口。你會覺得更輕鬆自在，在中和了對方周遭的能量之後，用更平靜的方式活下去。

熟練之後，不需要走完整個引導療程也能切斷連繫。今天工作不順利？花點時間閉上眼睛，切斷你跟恐懼源頭之間的連繫。通常都能看到立即效果。有個理論指出，我們實為一體。我相信這是真的。你邂逅的每一個人，都是你的倒影。所以當你用慈悲、療癒、愛和寬容，治癒了倒映在對方身上的部分的你，每一個人都將因此受惠，尤其是你自己。只要改變你看待他人的視角，你也將立刻改變並看見新的結果。

創造正向的自我肯定

設定了明確的目標、釋放了過去的壓力和緊張之後，另一個成功的關鍵因素，是觀察自己的思維，確認我們放進心智中的材料都具有正向支持力量。心智就像電腦，如果你對電腦產出的結果不滿意，最好的方式是重寫程序。自我肯定和真言這兩種工具都很強大。

我很喜歡自我肯定：鼓勵的文字訊息可重設內在心智，達到最好的效果。準備幾句肯定自己的話語，你可以用說的，也可以寫下來貼在鏡子上，每天出門上班前唸一次；或是放在你容易看見的地方，任何地方都可以。

自我肯定對你的幫助涵蓋各個面向。為自己寫下肯定字句之前，可先翻開筆記本尋找靈感。

一定要用肯定句型來描述你想要的存在狀態，而不是當下的狀態。要想像你已經達成目標。假設你需要換個更好的工作，你可以寫下：

「我的上司人超棒，他很欣賞我。」

只要是你必須改善的缺點，幾乎任何事都能寫成自我肯定句。如果你想增加收入，可以說：

「我很容易吸引金錢。」或是「我擁有的錢總是比需要的錢更多。」

我個人最喜歡的是以下這句話，我每天都說，已行之有年：

「我很健康，身心靈皆然。」

理論上，你狂唸自我肯定句的那天，應該不是太開心的一天。帶著情緒不斷重複自我肯定句，你就會按照目標重設你自己。你可以用簡單的自我肯定句，消除壓力和焦慮，例如：

「我很冷靜，很放鬆。我很冷靜，很放鬆。我很冷靜，很放鬆。」

一邊重複，一邊搭配深呼吸，你的感覺會漸漸變好。我建議把可能用得到的自我肯定句全部寫下來。你最想改善的是哪方面？把你的渴望化為文字，放在家裡和辦公室的各個角落，然後靜觀其變。

以下這幾個簡單步驟，能協助你創造正向的自我肯定：

一、寫下你想改善的事，例如工作、感情、健康或收入。你可以參考第一章和人們為什麼想做回溯療程的段落，或許可得到靈感。

二、練習寫下與這些事有關的正向肯定句，想像你已經達成目標。

三、大聲唸出來。你聽了有什麼感覺？

四、把這些句子寫下來，放在你一定會看到的地方。

五、反覆唸這些句子三十天，看看會有什麼效果或改善。

你使用的語言是一個重要考量。你的用字遣詞一定要跟靈魂產生共鳴，也一定要具備特殊的意義，這樣效果才會好。舉例來說，我比較喜歡「福氣」（bliss）這個詞，但你或許比較愛用「和諧」（harmony）。如果代表感受與概念的某些詞彙，對你來說意義深遠，就使用這些你喜歡的詞彙。

你隨時都可以修改這些句子。複述自我肯定句三十天很重要，因為效果要花時間才看得到。寫自我肯定句花不了太多時間，想好句子之後，寫下來，放在你每天都看得到的地方，例如鏡子上。無論你的意識心智有沒有專注在這些句子上，你的潛意識心智（永續改變發生的地方）都會忙著理解你的渴望，在外在世界將它們化為現實。

冥想與真言

我每天冥想，也大力推薦你這麼做。持續冥想多年之後，至今我依然覺得冥想是我送給自己最棒的禮物。閉上雙眼，靜靜坐著，就算只是早晚幾分鐘，也能大幅舒緩日常壓力。我發現冥想對我的整體幸福感大有幫助，此外也有一大堆研究已證實，每天花一點時間「跟自己相處」大有助益，尤其是承受壓力、憂鬱或焦慮的人。

冥想聽起來有些令人卻步，因為很多人以為冥想很花時間。我敢保證不是這樣。每天早上開始忙碌前，花五分鐘閉上眼睛，做幾次深呼吸；下班回到家之後或是臨睡前，同樣花五分鐘冥想，你放鬆的程度肯定超乎你的想像。

還有一個誤解也讓我的許多客戶不敢冥想：心智必須完全沉澱才能冥想。大錯特錯。你的心智會思考，這是它的工作，你不可能叫它停止思考，絕對不可能。你能做的，是讓它思考一些有意義的東西。這就是真言派上用場的時候。用「真言」（mantra）冥想是最簡單的一種方法，真言是一個簡單的字或詞，在心智裡反覆默唸真言，讓你能意識到心智想要思考，而你給了它思考的主題。

假設你想創造的自我肯定是冷靜與放鬆，你可以把這個想法化為真言，閉上眼睛坐下，反覆誦唸：

「我很冷靜，我很放鬆。我很冷靜，我很放鬆。我很冷靜，我很放鬆。」

把自我肯定變成加強肯定的真言，是一件很棒的事，尤其是你已經花時間用你喜歡的詞彙與概念，寫下有用的自我肯定句。雖然詞彙可以是不錯的真言，但大部分的真言都只有一個字。「OM」（唵）就是一個很棒的單字真言，可以在心中默唸，也可以閉上眼睛、配合呼吸大聲唸出來。反覆誦唸是有效利用真言的方式，因為當你讓心智專注於你喜歡的字，心智就會在你的引導下，遠離那些造成壓力和焦慮的無用想法。

還有一句真言既簡單又有效：你自己的名字。我建議許多客戶反覆誦唸自己的名字，大聲唸出來或默唸都可以。一次次反覆誦唸自己的名字，無用的念頭就會離開。我前面說過，你的潛意識心智喜歡聽你的錄音，其實它也喜歡聽見你的名字。

無論你選擇哪一句真言，當你反覆誦唸真言時，意識心智會慢慢放下負面能量，你會感受到全身上下都在放鬆。

我最近常唸的真言承襲了前面的幾個練習，我會一邊數數一邊平衡呼吸，直接把數字當成真言。假設我吸氣時數到八，我會一邊專注吸氣一邊唸：一、二、三……以此類推。吐氣時也一樣，一邊專注吐氣一邊唸：一、二、三……唸到我想要的數字為止。若是唸數字真言，我通常會默唸，因為我都是在健身房的跑步機上快走時做這件事。專注於數到八這麼平淡無奇的一件事，也能顯著改善你的整體思維，除此之外，好好呼吸還能幫大腦吸收更多氧。壓力不減輕都不行。

你可以試試我的方法，也可以誦唸你喜歡的詞彙，例如喜悅、平靜、愛，任何令你有共鳴的詞彙都可以。讓心智放鬆，一邊呼吸一邊誦唸你選擇的真言，你會覺得更放鬆，內在也更平靜。

用真言冥想花不了多少時間，每天只要轉念短短幾分鐘，你應該就能體驗到效果。

總結

這本書中所有的觀念和練習，我不但曾經推薦給別人，我自己也用它們摸索人生。有許多練習是我每天都做的，幫助我時時心懷感恩，把祝福傳送給身邊的每一個人。希望這些觀念也能為你創造奇蹟！接下來我們要更進一步，嘗試時間更長的引導練習。

第九章

逐項清理前世

你已經藉由其他個案看過RELIEF療法的過程，第九章輪到你回溯前世，找出你來到今生之前就已發生的源頭事件。

回溯前世的時候，切記不要批判自己，當然這件事沒那麼容易做到。我指的批判是，當你看到幾百年前發生的事件時，第一個反應是說：「這是我想像出來的吧?!」或是「這好瘋狂，好奇怪」。

我也碰過有類似反應的客戶，第二篇就曾出現。或許你不敢相信，我每次回溯前世的時候，也有這種感覺，現在依然如此！尤其是帶著學生練習的時候，我經常說我確定一切都是我的想像，所以不要因為自己有這種想法而感到挫折。

有些洞察與你的個人經驗或意識思維差距太大，所以你會對眼前所見大呼驚奇。覺得前世只是自己的想像，這很正常。但是，你覺得這些畫面是從哪裡來的？如果是真的，怎麼辦？如果不是真的，又怎麼辦？我在前面說過，現在不厭其煩再說一次：是真是假並不重要，重要的是你今生的幸福。因此請不要對自己太嚴厲。把前世回溯當成一場探險，一邊樂在其中，一邊期待即將發生的事。

說到探險和出乎意料的結果，回溯時還有可能發生一種情況：你再怎麼回溯，只能回溯今生發生過的事。這種情況完全正常，不用擔心。我喜歡用在健身房運動來比喻催眠，有些人就是需要多一點鍛鍊。先練習回溯今生的過去，以後就能順利回溯其他前世。你一定可以再次進行回溯之旅，慢慢地，只要你抱持著造訪前世的意念，一定可以順利回溯前世。事不宜遲，現在就開始吧！

清理前世的憤怒

在我多年的執業經驗中，我發現靈魂會用「愛」做正面的表達，負面的表達則是兩種情緒暗流二選一：「憤怒」或「悲傷」。你可能注意到有些人懷有憤怒的暗流。光是看到他們就知道，他們隨時可能大發雷霆。生理上，他們容易罹患高血壓，一受挫就滿臉通紅；或是雙手握拳，怒到上氣不接下氣。我相信你一定認識這樣的人，對吧？

有些靈魂比較溫和。他們可能會偶爾感到憂鬱，變得既安靜又陰沉，突然消失，等到心情變好時再出現。這些人可能懷有悲傷的暗流。你可能聽過一種說法，那就是憂鬱症只是「憤怒內爆」。悲傷的人不想被人發現自己心情不好，所以他們把感受藏起來，不讓人知道情緒正在侵蝕他們的內在。他們習慣討好別人，不想冒犯別人。因此，他們把陰暗的想法全都藏起來。

焦慮、憂鬱和創傷，絕對根植於憤怒與悲傷。因此，在進一步療癒之前，釋放憤怒與悲傷很重要。記住你的心靈嚮導就隨侍在側，而且療程結束後，你會覺得更輕鬆。準備好了嗎？開始吧！

◎練習7

坐在一張舒服的椅子上，雙手放在大腿上，雙腳踩地。閉上眼睛。

用鼻子吸一口很深的、療癒的空氣，然後用鼻子吐氣。感受空氣進入你的身體，想像你吸入愛和喜悅和放鬆，吐出緊張和擔憂。非常好。

吸氣，一……二……三……四。吐氣，一……二……三……四。

吸氣，一、二、三、四。吐氣，一、二、三、四。

非常好。

隨著每次呼吸，你變得愈來愈放鬆。

繼續吸入平靜、喜悅和愛，一、二、三、四。吐出緊張，一、二、三、四，現在就讓所有的緊張離開你的身體。非常好。

吸入平靜、喜悅和愛，一、二、三、四。吐出平靜、喜悅和愛，一、二、三、四，把正面的感受傳送給世界。

再一次吸入平靜、喜悅和愛，一、二、三、四。吐出平靜、喜悅和愛，一、二、

三、四，把愛與光明傳送給世界。

想像有一道純白色的光芒從頭部進入，慢慢往下流進你的眼睛、鼻子、下顎。持續吸入平靜和療癒，讓光芒慢慢往下流進你的脖子跟肩膀，你的手臂、手肘、手腕、手掌跟手指。光芒滑下你的鎖骨，沿著你的背脊流進你的心臟。

注意呼吸。吸氣，一、二、三、四。吐氣，一、二、三、四。

感受光芒流進你的肺臟，你發現隨著每一次呼吸，你覺得身體愈來愈輕鬆。

想像有一道純白色的光芒從頭部進入，慢慢往下流進你的眼睛、鼻子、下顎。持續吸入平靜和療癒，讓光芒慢慢往下流進你的脖子跟肩膀，你的手臂、手肘、手腕、手掌跟手指。光芒滑下你的鎖骨，沿著你的背脊流進你的心臟。

注意呼吸。吸氣，一、二、三、四。吐氣，一、二、三、四。

感受光芒流進你的肺臟，你發現隨著每一次呼吸，你也覺得愈來愈輕鬆。

在充滿愛的光芒中繼續呼吸，光芒慢慢往下流到脊椎底部，流進你的大腿、膝蓋、小腿、腳踝、腳跟，流進你的腳底板和每一根腳趾。

想像光芒從頭頂沿著脊椎往下，流進你的雙腿，然後繼續往下從腳底發散出去。

在這過程中，光芒變得愈來愈強。

吸氣，一、二、三、四。吐氣，一、二、三、四。非常好。

光芒愈來愈強，強到從你的心臟傾瀉而出，形成一顆美麗的金色光球將你籠罩，光球直徑約一公尺。想像你在寧靜的金色光球裡漂浮，同時吸氣，一、二、三、四，吐氣，一、二、三、四。

你在金色光芒中很安全也很放鬆，同時吸氣，一、二、三、四。吐氣，一、二、三、四。非常好。

你知道在療癒的金色光芒中，只有對你最有幫助的東西才進得來。

非常好。

吸氣，一、二、三、四。吐氣，一、二、三、四。你覺得非常、非常輕鬆。在金色的光芒中，你感受到前所未有的輕鬆，充滿安全感。

想像正前方有一扇門，你看得見也摸得到這扇門，或是內在知道面前有一扇門。當我數到三的時候，你會走進那扇門。準備好了嗎？一，二，三。開門。

打開門，走進或漂進一個你真心喜愛和享受的美麗空間，感受美好的療癒能量。

你又回到你的快樂小天地，你早就來過這裡。

用鼻子深深吸氣，一、二、三、四。吐氣，一、二、三、四。一邊呼吸，一邊讓自己在快樂小天地中徹底放鬆。吸入喜悅、平靜和幸福的能量，一、二、三、四。吐氣，一、二、三、四。非常好。

感受你的快樂小天地，讓自己樂在其中。你看見心靈嚮導從上方慢慢漂下來，來到你旁邊。

向祂打招呼，感受嚮導給你的深刻的無條件之愛，以及祂對你的高度尊重。非常好。記住，嚮導是你的幫手，祂已經陪伴你很久、很久，對你、你的靈魂以及靈魂的旅程瞭若指掌。

用鼻子吸氣，一、二、三、四。吸入平靜、療癒、光芒和愛。吐氣，一、二、三、四。非常好。隨著每一次呼吸，你覺得身體愈來愈輕鬆。

你依然在金色的光球中，非常安全。牽起嚮導的手，你們兩個一起漂了起來，愈漂愈高，愈漂愈高。你們一起漂出快樂小天地，愈漂愈高，愈漂愈高，穿過雲層。非常好！

想像你們漂浮在很高很高的天空上，往下俯瞰時，你看到或感覺到你腳下有類似陽光的東西。這道陽光代表永恆，今天你和嚮導將穿越永恆。

想像你正在眺望未來，可以是任何一個方向，看看你的未來是多麼光明。做得很好！

接下來，想像你可以回望過去。待會我數到三的時候，你和嚮導會開始漂向你的過去，回到你的靈魂存在的一段早期時光，那是發生在你的今生之前的事。準備好了嗎？

一，二，三．穿越永恆，不停漂向過去，越過你誕生的時刻。不要停下來，往源頭事件的方向漂，那是你的靈魂第一次感受到憤怒，或是引發憤怒的最重大的事件。你一下子就可以找到年代久遠的源頭事件。

我數到三的時候，你就會抵達源頭事件。一，漂向過去；二，繼續漂；三，你到了。留在那個地方。

「辨識」源頭事件。想像你的嚮導拿出一面螢幕給你觀看影片，內容是使你感到憤怒的事件經過。

根據你的第一印象，時間是哪一年？

你在哪裡？發生了什麼事？想像你可以輕鬆看出。

發生了什麼事令你如此憤怒？

你從這段前世得到什麼領悟？

這件事對你的今生有何影響？

想像你可以輕鬆得到這些資訊，於此同時，感受你跟事件之間有一條能量連繫。待會兒我數到三的時候，你的嚮導會為你切斷連繫，「消除」無用的能量。準備好了嗎？一，二，三，切斷連繫。

你的嚮導送出一道美麗的療癒之光，「照亮」這個區域。光芒從上面灑下，源頭事件沐浴在平靜與愛中，你跟與這個事件有關的人全都獲得療癒。

慢慢來，感受療癒的能量提振你的精神，你覺得比之前舒服許多。

非常好。

藉由明白自己從這次經驗學到的領悟，「融合」療癒的力量。慢慢思考事發經過，以及你為什麼會憤怒。你在今生碰到類似的經驗嗎？前世的經驗對你的今生有何影響？想像你可以輕鬆得到這些資訊。非常好。你可以從這件事學到什麼？你可以用這段經驗幫助現在的自己嗎？慢慢來，把新觀點的好處全都想一遍。非常好。

在你和你的嚮導穿越永恆、回到今天的過程中，用這份覺知為自己「灌注能量」。允許前世到今生之間發生過的所有事件，在療癒之光裡重新找到平衡。非常好。

療癒了憤怒之後，轉身望向今生的未來。在金色光芒的籠罩之下，牽起嚮導的手，你看見你的未來因為這些新資訊和療癒，變得更輕鬆、更明亮。非常好。待會我數到三的時候，你和嚮導會漂到今生的「未來」，你過著幸福又健康的生活，也已成功擺脫了痛苦。

準備好了嗎？一，漂向未來。二，繼續漂。三，你到了，留在那個地方。

時間是哪一年？

你在做什麼？

未來的你感覺怎麼樣？

發生了什麼事？

療癒了憤怒之後，你的人生有什麼變化？

慢慢感受這段美好時光的喜悅能量。一邊感受一邊深深吸氣，一、二、三、四，吸入愛和療癒。吐氣，一、二、三、四。非常好。

帶上那股平靜的能量，牽起嚮導的手一起漂回今天，感受純粹的喜悅，不再受到憤怒的束縛。

我從三數到一的時候，你將回到起點，慢慢漂向今天。三，二，一，你已回到起點。做得很好！

金色光芒依然籠罩著你，牽著嚮導的手，想像你們一起往下漂，穿過雲層，再次回到你的快樂小天地。留在那裡，現在你覺得比以前更有精神，也舒服許多。

現在，請嚮導為你今天得到的療癒提供進一步的說明或洞察。

結束後，想像你可以感謝嚮導今天來陪你，然後看著祂慢慢往上漂，消失在祂最初降臨的地方，你知道你們很快就會重逢。

用鼻子深吸一口氣，一、二、三、四。吐氣，一、二、三、四。讓自己在快樂小天地澈底放鬆。吸入喜悅、平靜與幸福的能量，一、二、三、四。吐出愛與光芒，

一、二、三、四。非常好。

轉過身，走出那扇門，回到這趟旅程的起始點。

待會我會從五數到一，你將回到原本的地方，你會覺得自己比之前更清醒、更有精神、更舒服。

五……踏實、專注、平衡。

四……今晚在夢中繼續處理這股新的能量，明天早上你將與新的洞察完全融合為一。

三……美麗的金色光球依然籠罩著你，你知道只有對你最有幫助的東西才進得來，你發現自己小心地移動，做任何事都很謹慎。

二……踏實、專注、平衡。

一……你回來了！

這趟旅程你過得如何？在療癒筆記本裡寫下洞察。你有沒有對自己有新的認識？你的前世與今生之間有沒有關聯？是哪些關聯？你相信你的憤怒已完全解決了嗎？你需要更多療癒嗎？

如果你認為自己需要更多療癒，可以重複相同過程。也可以回到上一章的切斷連繫練習，想像憤怒的源頭就在你面前。視需要切斷連繫，切幾次都沒關係，然後用慈愛的光芒充滿自己。多多練習，你會愈來愈好。

還有一種可能是你會找到埋得更深的問題，這些問題都跟你今生面對的挑戰有關。如果你再次進入催眠，或許會從之前造訪過的前世得到更多洞察，或是發現另一世人生也跟這些問題相關，進而加深整體療癒。你這次做得很好。記住，回溯就像剝洋蔥，一剝開複雜的層次才能找到根源，而這需要時間。

每當你深入探尋前世，你或許會開始做更多跟前世有關的夢。請記錄下來，把筆記本放在床頭櫃附近，以備不時之需，你永遠不知道自己會夢到什麼。

讓我們繼續練習。

清理前世的悲傷

這世上有好多悲傷。處理悲傷時，你會發現源頭事件經常跟悼念有關。例如心愛的人過世，靈魂充滿期待的人際關係結束，甚至包括搬家到新的地方、離開熟悉的環境。我幫助過的靈魂之中，有些甚至會為人類整體的狀態陷入絕望；老實說，我有時候也會這樣。

悼念引發的悲傷是一種深刻的情緒，需要時間消化。我在療癒今生的悲傷時有個重大突破，因為我發現對方在我的許多個前世中都曾死去。這個洞察幫助我接受這件事，並且因此療癒了悲傷。

尋找答案時，你或許會碰到今生認識的人，並發現原來你們前世早已認識；當然答案也可能出乎意料。要記住過程中發生的一切，都是對你最有助益的事。結束回溯之旅後，你會愈來愈好。

無論你的悲傷源頭是什麼，接受它。你的嚮導會幫助你回到影響最深遠的事件，也能在你抵達源頭事件時撫慰你，用平靜的光籠罩源頭事件，使靈魂放鬆。現在就練習一下清理悲傷。

希望你已有回溯之旅第一階段的錄音，也就是進入快樂小天地、歡迎心靈嚮導和漂浮到天空中。等你們漂到雲層之上，就可以開始回溯前世。第一階段的完整內容，可參考前面〈清理前世的憤怒〉練習。開始吧！

◎練習8

找到心靈嚮導之後，你們兩個一起漂浮到今時今日的正上方。想像你正在眺望未來，可以是任何一個方向。看看你的未來是多麼光明。做得很好！

接下來，想像你可以回望過去。待會我數到三的時候，你和嚮導會開始漂向你的過去，回到你的靈魂存在的一段早期時光，那是發生在你的今生之前的事。準備好了嗎？

一，二，三，穿越永恆，不停漂向過去，越過你誕生的時刻。不要停下來，往源頭事件的方向漂，那是你的靈魂第一次感受到悲傷，或是引發悲傷的最重大的事件。

你一下子就可以找到年代久遠的源頭事件。

我數到三的時候，你就會抵達源頭事件。一，漂向過去；二，繼續漂；三，你到了，留在那個地方。

「辨識」源頭事件。想像你在觀看影片，內容是使你感到悲傷的事件經過。

根據你的第一印象，時間是哪一年？

你在哪裡？發生了什麼事？想像你可以輕鬆看出。

發生了什麼事令你如此悲傷？

你從這段前世得到什麼領悟？

這件事對你的今生有何影響？

想像你可以輕鬆得到這些資訊，於此同時，感受你跟事件之間有一條能量連繫。待會我數到三的時候，你的嚮導會為你切斷連繫，「消除」無用的能量。準備好了嗎？一，二，三，切斷連繫。

你的嚮導送出一道療癒之光「照亮」這個區域，使源頭事件沐浴在平靜與愛中，你跟與這個事件有關的人全都獲得療癒。感受療癒之光流進你身體裡的每一個細胞，療癒你，釋放你。

「融合」這充滿愛的能量，讓療癒之光減輕你的悲傷。如果你想哭，沒有關係。釋放眼淚後，你會覺得愈來愈舒服，你很快就會感覺比以前更加輕盈。想想悲傷的源頭，它跟你的今生有何關聯？你如何利用這些資訊來改善今生的狀況？你現在能接受這樣的過往嗎？你可以加深你跟所愛之人的連結嗎？你的靈魂從這段經驗中，選擇了什麼特定的領悟？想像你可以輕鬆記起這段經驗的領悟。這些事件對你的今生有何影響？想像你很容易就能知道。非常好。

在你和你的嚮導漂到今天的過程中，用這份覺知為自己「灌注能量」，允許前世到今生之間發生過的所有事件獲得療癒。非常好。

療癒了悲傷之後，牽起嚮導的手，漂到今生的「未來」，你過著幸福又健康的生活，也已成功擺脫了悲傷。

準備好了嗎？留在那個地方。

時間是哪一年？

你在做什麼？

未來的你感覺怎麼樣？

發生了什麼事？

療癒了悲傷之後，你的人生有什麼變化？

非常好。

感受這段美好時光的喜悅能量。吸入愛和療癒，然後吐氣，一、二、三、四。非常好。

帶著那股平靜的能量漂回今天，不再受到悲傷的束縛。

我從三數到一的時候，你將慢慢漂回今天。三，二，一。你已回到起點，做得很好！

守護你的金色光芒依然籠罩著你，回到快樂小天地，請嚮導為你今天得到的療癒提供進一步的說明。結束後，感謝嚮導，然後看著祂漂回去。

用鼻子深吸一口氣，一、二、三、四。吐氣，一、二、三、四。吸入喜悅、平靜與幸福的能量，一、二、三、四。吐出愛與光芒，一、二、三、四。非常好。

轉過身，走出那扇門，回到這趟旅程的起始點。

待會我會從五數到一，你將回到原本的地方，你會覺得自己比之前更清醒、更有精神、更舒服。

五……踏實、專注、平衡。

四……今晚在夢中繼續處理這股新的能量，明天早上你將與新的洞察完全融合為一。

三……美麗的金色光球依然籠罩著你，你知道只有對你最有幫助的東西才進得來，你發現自己小心的移動，做任何事都很謹慎。

二……踏實、專注、平衡。

一……你回來了！

這趟旅程你過得如何？有沒有收到深刻的洞察？你是否稍微減輕了悲傷？悼念與悲傷都是需要時間療癒的複雜情緒，別對自己太嚴厲，你的療癒已在神聖的時間中展開。這個練習你可以做很多次。這個過程可能使你想起一些你曾考慮過的事，說不定你會發現新洞察，或是在潛意識中找到仍有悲傷徘徊的地方。慢慢來，別忘了一切都會很好的。

希望現在你已相當熟悉回溯的流程。透過反覆練習，你知道如何踏上回溯之旅，前往你需要去的地方，每一次回溯都有更多收穫。寫下洞察對澈底釋放情緒很有幫助。你做得非常好！

到目前為止，你經歷過怎樣的前世？你感到驚訝嗎？

我的客戶一點都不驚訝，因為我們前世生活過的地方，都是我們著迷了一輩子的地方。前世回溯可解釋我們為什麼喜歡這些地方。

希望除了有趣的自我發現，你也釋放了一些原本給你造成負擔的沉重能量。每回溯一次，靈魂的輕盈感也變得愈明顯……至少對我來說是如此，我的客戶也有相同感受。你做得很好！

清理前世焦慮

為了回到前世清理焦慮，我們要進入心智更深層的地方。跟前面的兩個練習一樣，過程中或許會碰到令你驚訝的事，但希望現在你已經知道，前世的事件引發的負面情緒是可以消除的。前世回溯有一個很有趣的地方：很多時候，你以為你已在今生解決的問題，其實根源於更久遠的前世，很可能會在下一次回溯時出現。除此之外，第一次嘗試清理焦慮時，你或許只能回到今生嚴重困擾你的某個事件。無論結果如何，務必敞開心胸。焦慮很複雜，所以把回溯當成一場探險，不要忘了一切都會很好！再次提醒，第一階段的完整內容，可參考前面〈清理前世的憤怒〉練習。開始吧！

◎練習9

在充滿愛的金色光芒籠罩之下，你和心靈嚮導先一起漂浮到你的快樂小天地，再慢慢往上漂，漂到美麗的蔚藍天空中。你們兩個一起漂到今天的上方，眺望你的未來，可以是任何一個方向，看看你的未來是多麼光明。做得很好！

接下來，想像你可以回望過去。待會我數到三的時候，你和嚮導會開始漂向你的過去，回到你的靈魂存在的一段早期時光，那是發生在你的今生之前的事。你們漂到很久很久以前的焦慮源頭，那是靈魂第一次感受到焦慮，或是引發焦慮的最重大的事件。我數到三，你就會在那裡。一，二，三，你到了。留在那個地方。

「辨識」源頭事件。想像你在觀看影片，內容是使你感到焦慮的事件經過。

根據你的第一印象，時間是哪一年？

你在哪裡？發生了什麼事？想像你可以輕鬆看出。

發生了什麼事令你如此焦慮？

你從這段前世得到什麼領悟？

這件事對你的今生有何影響？

想像你可以輕鬆得到這些資訊，於此同時，你的嚮導會為你切斷能量連繫，「消除」無用的能量。準備好了嗎？一，二，三，切斷連繫。

你的嚮導用從上方灑下的療癒之光「照亮」這個區域，使你沐浴在平靜與愛中，與這個事件有關的人全都獲得療癒，你覺得焦慮減輕許多。非常好。

把這些資訊跟你身體裡的每個細胞「融合」在一起。在你輕鬆理解這次經驗待來的領悟時，感受療癒成為你的一部分。前世的經驗對你的今生有何影響？是什麼引發了你的焦慮？你有沒有找到減輕焦慮的好方法？你現在可以做出怎樣的改變，讓自己知道你已完全擺脫焦慮？你的靈魂從你今天放下的焦慮中，學到什麼領悟？慢慢來，讓嚮導幫助你獲得這些洞察，為你提供支持與愛的光芒，等你準備好了，再繼續下一步。

用這些資訊為自己「灌注能量」，跟嚮導一起回到今天。

眺望今生的未來。金色光芒依然籠罩著你，牽起嚮導的手，漂到今生的「未來」，你過著幸福又健康的生活，也已成功擺脫了焦慮。準備好了嗎？一，漂向未來。二，繼續漂。三、你到了，留在那個地方。

時間是哪一年？

你在做什麼？

未來的你感覺怎麼樣？

發生了什麼事？

療癒了焦慮之後，你的人生有什麼變化？

非常好。

感受一下這種喜悅與平靜，帶著那股平靜的能量漂回今天，感受純粹的喜悅，不再受到悲傷的束縛，從那裡慢慢漂回今天。做得很好！

牽著嚮導的手，穿過雲層回到快樂小天地。留在那個地方。請嚮導為你今天得到的療癒提供你需要的洞察，然後感謝嚮導的協助。現在向祂道別，你知道你們很快就會重逢。

用鼻子吸氣，一、二、三、四。吐氣，一、二、三、四。在你的快樂小天地裡澈底放輕鬆。非常好。

轉過身，走出那扇門，回到這趟旅程的起始點。待會我會從五數到一，你將回到原本的地方，你會覺得自己比之前更清醒、更有精神、更舒服。

五……踏實、專注、平衡。

四……今晚在夢中繼續處理這股新的能量，明天早上你將與新的洞察完全融合為一。

三……美麗的金色光球依然籠罩著你，你知道只有對你最有幫助的東西才進得來，你發現自己小心的移動，做任何事都很謹慎。

二……踏實、專注、平衡。

一……你回來了！

這趟旅程你過得如何？別忘了留下紀錄。你有什麼感覺？在筆記本裡寫下重要的洞察。有沒有出乎你意料的事？還是加深了你對某個課題的了解？

這次你回到哪些前世？有沒有出現目前為止你已在其他前世看過的主題？例如，你是不是從軍了好幾世？有沒有總是遇到特定的挑戰？有時候前世乍看之下毫不相干，其實仔細探究會發現更深刻的關聯。這些訊息都能澈底改變你的意識、生命和整體幸福。

視需要重複相同的回溯過程，寫下有助於加深未來回溯體驗的訊息或洞察。你顯然已踏上改變的道路，我希望你的探險之旅平安順利。繼續加油！

清理前世恐懼

恐懼可能很難克服，尤其是前世的恐懼。若你能知道最初的恐懼源自何處，就有機會改頭換面。

每個人都有害怕的事情，可透過療癒消除恐懼。在這個練習中，我希望你有意識的提出你想要解決的恐懼，先設定意向，清理時才有明確的目標。你的目標不一定非是嚴重的創傷才行。你可能因為十歲的時候有蜘蛛爬到你的手臂而懼怕蜘蛛，但現在你想知道這件事跟前世有沒有關係。或是你因為小時候閃電打在你家附近而不喜歡大雷雨，前世回溯後才知道，這不是你第一次被風暴嚇到。你應該明白我的意思。是什麼事不重要，重要的是這件事對你有意義。每一次回溯前，都可以先選定一個清理目標。對清理恐懼的前世回溯來說，這種作法特別有用。無論是多微小、多無足輕重的恐懼，我相信你一定至少記得一件你討厭的東西，就算只是一點點討厭。你可以翻閱筆記本回想一下，或是直接展開回溯之旅，對結果保持開放態度。兩種作法都可以，沒有對錯之分。

你可以像看電視或手機上的影片一樣回溯前世，既可以了解過程，又可以保持情緒穩定。回溯一開始，先邀請心靈嚮導一起漂到今天的上方。抵達快樂小天地之後，跟嚮導一起漂走。再次提醒，第一階段的完整內容，可參考前面〈清理前世的憤怒〉練習。開始吧！

◎練習10

閉上眼睛，感受你被充滿愛的金色光芒籠罩。你很安全，你是受到保護的，你知道只有對你最有幫助的東西才進得來。走進那扇通往快樂小天地的門，跟心靈嚮導碰面。你們一起往上漂進雲裡，漂到今天的上方。眺望未來，看看你的未來是多麼光明。做得很好！

回望前世。待會我數到三的時候，你和嚮導會開始漂向你的過去，回到你的靈魂存在的一段早期時光，那是發生在你的今生之前的事。你們漂到源頭事件，那是靈魂第一次感受到恐懼，或是引發恐懼的最重大的事件。我數到三，你就會在那裡。一，漂向過去。二，繼續漂。三，你到了，留在那個地方。

「辨識」源頭事件。想像你的嚮導拿出一個螢幕，你一邊看影片，一邊感受使你感到恐懼的事件經過。

根據你的第一印象，時間是哪一年？

你在哪裡？發生了什麼事？想像你可以輕鬆看出。

發生了什麼事令你如此恐懼？

你從這段前世得到什麼領悟？

這件事對你的今生有何影響？

你和源頭事件之間有一條能量連繫，當我數到三的時候，嚮導會為你切斷連繫，「消除」無用的能量。準備好了嗎？一，二，三，切斷連繫。

你的嚮導「照亮」這個區域，祂將美麗的療癒之光，傳送給你跟與這個事件有關的人。感受一下療癒的能量提振你的精神，你覺得比之前舒服很多。做得很好。

請嚮導持續傳送充滿愛的療癒之光，「融合」這股能量。讓光芒擴張你身體裡的每一個細胞，直到恐懼完全融化。請嚮導幫助你了解你學到的領悟，前世的經驗對你的今生有何影響？雖然有些恐懼能保護你，但若是你不再需要的恐懼，現在能否將它釋放？如果可以，就把恐懼或恐懼的殘餘能量交給嚮導，請嚮導把恐懼帶走並丟掉。非常好。想像你無須費力就能感受到，你已不再受到恐懼的影響。非常好。

用這些資訊為自己「灌注能量」，跟嚮導一起漂離這段前世，回到今天。允許前世到今生之間發生過的所有事件，在療癒之光中重新找到平衡。非常好。

療癒了恐懼之後，眺望今生的未來。金色光芒依然籠罩著你，牽起嚮導的手，你看見你的未來因為這些新資訊和療癒，變得更輕鬆、更明亮。非常好。

待會我數到三的時候，你和嚮導會漂到今生的「未來」，你過著幸福又健康的生活，也已成功擺脫了恐懼。準備好了嗎？一，漂向未來。二，繼續漂。三、你到了。留在那個地方。

時間是哪一年？

你在做什麼？

未來的你感覺怎麼樣？

發生了什麼事？

療癒了恐懼之後，你的人生有什麼變化？

非常好。

慢慢感受這段美好時光的喜悅能量。一邊感受一邊深深吸氣，一、二、三、四，吸入愛和療癒。吐氣，一、二、三、四。帶上那股平靜的能量，牽起嚮導的手一起漂回今天，不再受到恐懼的束縛。

在金色光芒的籠罩下，慢慢漂到今天的上方。牽著嚮導的手，想像你們一起往下漂，穿過雲層回到快樂小天地，請嚮導為你今天得到的療癒提供說明。

結束後，感謝嚮導，看著祂慢慢往上漂回去。讓自己澈底放輕鬆。吸進喜悅、平靜和幸福，吐出愛與光芒。非常好。

轉過身，回到這趟旅程的起始點。待會我會從五數到一，你將回到原本的地方，你會覺得自己比之前更清醒、更有精神、更舒服。

五……踏實、專注、平衡。

四……今晚在夢中繼續處理這股新的能量，明天早上你將與新的洞察完全融合為一。

三……美麗的金色光球依然籠罩著你，你知道只有對你最有幫助的東西才進得來，你發現自己小心的移動，做任何事都很謹慎。
二……踏實、專注、平衡。
一……你回來了！

這趟旅程你過得如何？你想清理的恐懼或許不只一個，若是如此，設定一個不同的意向再次回溯。舉例來說，如果你第一次清除了你對蜘蛛的恐懼，下一次可以換成蛇。你設定的清理目標會影響結果。你也可以請嚮導帶你去對你最有幫助、能為你現在的生活帶來最多益處的任何事件。

你可以在回溯幾次之後將這本書束之高閣，幾年後再試一次，說不定會發生完全出乎意料的事。寫下你的恐懼能使它們浮現出來、方便清理，所以請儘量記下回溯的過程。

你現在的感覺跟回溯之前有什麼不一樣？加深與心靈嚮導的關係之後，是不是更有自信、更有安全感？回溯的過程中，金色的光芒是否一直圍繞著你？你是不是比以前更相信自己能找到答案？你造訪了怎樣的前世，這些前世跟你的今生有何關聯？你可以融合哪些新的變化，使你的未來更加光明？你做得很棒！

希望你的焦慮或恐懼比以前減輕許多。對自己寬容一些，視需要用循序漸進的方式回溯。恭喜你在療癒之路上跨出一大步！做得好！

清理前世創傷

接下來我們要回溯並療癒前世的創傷事件。所謂的「創傷」指的是任何令你難受的事。你設定的意向可以是今生某一次極度尷尬的經驗，感受一下這個經驗是否跟前世有關，或明明是小車禍你卻耿耿於懷，你想知道它是否跟靈魂的經歷有關。哀慟朋友的逝去也是一種創傷，你想知道你們是不是前世就已認識。轉學後格格不入的壓力，也會留下創傷。

只要是曾經影響你的人生和情緒的事情，都可以進行療癒。你可以有意識的選擇目標，也可以交給心靈嚮導決定，處理浮現在腦海中的任何主題。無論選擇哪一種方式，一切都會很好。

嚮導帶領你找到的事件，一定是對你最有幫助的事件。你說不定會想起很多年不曾想起的事，你可能一方面覺得這件事非常微不足道，另一方面卻依然因為它而苦惱，這就是療癒大派用場的地方。

一個事件自動出現，代表靈魂在某種程度上已準備好要處理它。因為你的高我時時都在守護著你。記憶的出現都是有原因的，尊重這一點，對回溯抱持信心，一切都會很好。

我相信，所有的靈魂都曾經歷創傷。這是人類存在的一部分。你今天會發現什麼創傷？無論你發現什麼創傷，都是最適合你現在知道的創傷，你以後可以再次回溯，獲得更多洞察。如果可以錄音，那很好。如果不行，第一階段的完整內容，可參考本章的第一個練習：〈清理前世的憤怒〉。開始吧！

◎練習11

牽著心靈嚮導的手，你們被充滿愛的療癒之光圍繞與守護，你知道只有對你最有幫助的東西才進得來，想像你們漂浮在今天上方。望向前世。待會我數到三的時候，你和嚮導將漂向你的過去，回到你的靈魂存在的一段早期時光，那是發生在你今生之前的事，那是源頭事件，是你的靈魂第一次感受到創傷，或是引發創傷的最重大的事件。你一下子就可以回到很久很久以前。一，漂向過去。二，繼續漂。三，你到了，留在那個地方。

「辨識」源頭事件。想像你一邊看著嚮導拿出的影片，一邊感受帶來創傷的事件經過。

根據你的第一印象，時間是哪一年？

你在哪裡？發生了什麼事？想像你可以輕鬆看出。

發生了什麼事使你留下創傷？

這件事對你的今生有何影響？

想像你可以輕鬆獲得這些資訊，同時感受你和源頭事件之間有一條能量連繫，待會我數到三的時候，嚮導會為你切斷連繫，「消除」無用的能量。準備好了嗎？一，二，三。切斷連繫。

你的嚮導「照亮」這個區域，祂讓美麗的療癒之光從上方灑下，使源頭事件沐浴在平靜與愛中，療癒你跟與這個事件有關的人。

「融合」療癒之光。是什麼讓你的靈魂這麼早就感受到創傷？創傷對你的今生有何影響？你怎麼做才能消除這種感受？你從前世創傷學到什麼領悟？創傷經歷有沒有使你變成更好的人類？你可以輕易理解靈魂經由創傷事件得到什麼收穫。

跟嚮導一起漂離這段前世、回到今天時，為自己「灌注能量」。允許前世到今生之間發生過的所有事件，在療癒之光中重新找到平衡。非常好。

療癒了創傷之後，眺望今生的未來。金色光芒依然籠罩著你，牽起嚮導的手，你看見你的未來因為這些新資訊和療癒，變得更輕鬆、更明亮。非常好。

待會我數到三的時候，你和嚮導會漂到今生的「未來」，你過著幸福又健康的生活，也已成功擺脫了創傷。準備好了嗎？一，漂向未來。二，繼續漂。三、你到了。留在那個地方。

時間是哪一年？

你在做什麼？

未來的你感覺怎麼樣？

發生了什麼事？

療癒了創傷之後，你的人生有什麼變化？

非常好。

感受這段美好時光的喜悅能量。吸氣，一、二、三、四，吸入愛和療癒。吐氣，一、二、三、四。非常好。

帶上這些平靜的感受，牽起嚮導的手一起漂回今天，感受純然的喜悅，不再受到創傷的束縛。

當我數到三的時候你就會回來，漂浮在今天的上方。一，二，三，你回來了。做得很好！

在金色光芒的籠罩下，牽著嚮導的手一起往下漂，穿過雲層回到快樂小天地。你覺得比之前更有精神，也更舒服。

請嚮導為你今天得到的療癒提供說明。結束後，感謝嚮導今天來陪你，看著祂慢慢往上漂回去，你知道你們很快就會重逢。

用鼻子深吸一口氣，一、二、三、四。吐氣，一、二、三、四。讓自己澈底放輕鬆。轉身走出那扇門，回到這趟旅程的起始點。

待會我會從五數到一，你將回到原本的地方，你會覺得自己比之前更清醒、更有精神、更舒服。

五……踏實、專注、平衡。

四……今晚在夢中繼續處理這股新的能量，明天早上你將與新的洞察完全融合為一。

三……美麗的金色光球依然籠罩著你，你知道只有對你最有幫助的東西才進得來，你發現自己小心的移動，做任何事都很謹慎。

二……踏實、專注、平衡。

一……你回來了！

感覺怎麼樣？前世有沒有讓你嚇一跳？或是在你意料之中？寫下重要的想法或訊息，你如何把這些新資訊融入你的人生？

現在你已經練習過幾次，前世回溯有沒有變得更簡單？我的心得是，就算你在回溯了一、兩次之後把這本書束之高閣，幾年後才又為了獲得更多資訊而再次回溯，這些資訊對你當時正在處理的問題也都是既及時又很有價值的。療癒是一趟旅程，而你已跨出重要的第一步！恭喜你！

清理誓言與靈魂契約

在前面的幾例個案中，你看過靈魂契約跟誓言的害處。前世立下的誓約不再對我們有利時，很容易爆發混亂和焦慮。藉由回溯的機會，可確認有沒有需要解除的前世誓約。回溯後，你可能會發現前世從未立下誓言，但這種可能性非常小。靈魂很浩瀚，在跨越好幾世紀的存在過程中有過許多獨特經歷，你必然曾經說過誓言。如果你約略知道誓言的內容，可依此為回溯之旅設定意向，看看結果如何。照例，請好好享受這趟旅程，你將對自己有更深入的認識。別忘了第一階段的完整內容，可參考本章的第一個練習：〈清理前世的憤怒〉。

◎練習12

閉上眼睛，感受嚮導已在你身邊。你們兩個一起漂上雲端，漂浮在今天的上方。非常好。想像你能回望過去，回到你的靈魂存在的一段早期時光，那是發生在你的今生之前的事。你立下誓言或靈魂契約，你要回到對你今生影響最大的那個源頭事件，準備好了嗎？

穿越永恆，不停漂向過去，越過你誕生的時刻。不要停下來，往源頭事件的方向漂，那是你的靈魂第一次立下誓言，你一下子就可以找到年代久遠的源頭事件。

當我數到三的時候，你就會抵達源頭事件。一，漂向過去。二，繼續漂。三，你到了，留在那個地方。

「辨識」源頭事件。想像你的嚮導拿出螢幕，你可以一邊看影片，一邊感受靈魂契約的內容。

根據你的第一印象，時間是哪一年？

你在哪裡？發生了什麼事？想像你可以輕鬆看出。

你立下什麼誓言？對象是誰？

你從這段前世得到什麼領悟？

這份靈魂契約對你的今生有何影響？

想像你可以輕鬆獲得這些資訊，同時感受你和源頭事件之間有一條能量連繫。待會我數到三的時候，嚮導會為你切斷連繫，「消除」無用的能量。準備好了嗎？一，二，三，切斷連繫。

你的嚮導「照亮」這個區域，祂讓美麗的療癒之光從上方灑下，使源頭事件沐浴在平靜與愛中，療癒你跟與這個事件有關的人。

「融合」這份療癒，理解這份契約對你的今生有何影響。你的誓言造成怎樣的結果？在你辨識這件事之後，你的人生會有怎樣的改善？守約跟解除誓約，哪一個對你來說是最有利的作法？想像你無須費力就知道答案。非常好。

用這些訊息為自己「灌注能量」。跟嚮導一起漂回今天，允許前世到今生之間發生過的所有事件，在你對誓言做出的新決定中重新找到平衡。非常好。解除或修改這分靈魂契約之後，望向今生的未來。在金色光芒的籠罩下漂到今生的「未來」，你過著幸福又健康的生活，也因為放下誓言而感到輕鬆。

準備好了嗎？一，漂向未來。二，繼續漂。三、你到了，留在那個地方。

時間是哪一年？

你在做什麼？

未來的你感覺怎麼樣？

發生了什麼事？

解除或修改靈魂契約之後，你的人生有什麼變化？

帶著這股平靜的能量，牽起嚮導的手一起漂回今天。感受純然的喜悅，不再受到誓言負面影響的束縛。

當我數到三的時候你就會回來，漂浮在今天的上方。一，二，三，你回來了。做得很好！

牽著嚮導的手，想像你們兩個一起往下漂，穿過雲層回到快樂小天地，留在那個地方。你覺得比之前更有精神，也更舒服。請嚮導為你今天得到的療癒提供說明。

結束後，感謝你的嚮導，看著祂慢慢往上漂走。用鼻子吸氣，一、二、三、四。

吐氣，一、二、三、四，在快樂小天地裡讓自己澈底放輕鬆。轉身走出那扇門，回到這趟旅程的起始點。

待會我會從五數到一，你將回到原本的地方，你會覺得自己比之前更清醒、更有精神、更舒服。

五……踏實、專注、平衡。

四……今晚在夢中繼續處理這股新的能量，明天早上你將與新的洞察完全融合為一。

三……美麗的金色光球依然籠罩著你，你知道只有對你最有幫助的東西才進得來，你發現自己小心的移動，做任何事都很謹慎。

二……踏實、專注、平衡。

一……你回來了！

你的誓言清理之旅進行得如何？你是否曾在前世立下誓言或承諾？如果有，你覺得守約才是對的嗎？還是清理掉才對你最有幫助？有沒有什麼出乎你意料的事？寫下重要的想法，視需要再次回溯。

解除誓言的前世回溯還有另一個版本，那就是解除詛咒。我在職業生涯中處理過各種疑難雜症，包括數以百計相信自己被詛咒纏身的客戶。詛咒跟誓言一樣，通常會跟著一個人輪迴轉世。清理的方式也跟解除誓言的前世回溯一樣，先設定好意向再回到前世，確認自己是否真的被詛咒纏身。

我在書中多次提到，如果你認為自己是有福之人，你就是。如果你不這麼認為，沒關係，你可以說出將會自我實現的預言。不過我還是覺得有必要提一下，如果你必須清理前世的某些事情，你可以為回溯之旅設定意向。若你覺得這符合你的情況，你相信你在前世受到詛咒，請在心中帶著這個意念進行前世回溯，看看會發生什麼事。記住，靈魂的療癒是分層次的。靈魂立下靈魂契約、誓言甚至詛咒，都是為了體驗。雖然清理這些東西得花不少力氣，但一次清理一點點，並且心懷感恩的接受領悟和詛咒帶來的益處（沒錯，詛咒也有益處），你就可以放下負擔、盡情享受生命。所有的體驗，包括不舒服的體驗，都是促進靈魂成長的禮物。清理完舊的誓言與承諾之後，你就像一張白紙，可開始容納新的誓約。或是不再立約。一切由你決定。

未來記憶與符號

RELIEF療法的主軸是清除舊能量，將過去斷捨離，以便迎來更光明、更有力量的未來。你在回溯之旅中釋放老舊的憤怒、恐懼、焦慮等負面能量之後，瞥見過今生的未來已變得更美好。

現在我要請你再次拿出筆記本，回顧一下你從開始回溯以來寫下的想法與念頭。你現在做的事跟未來想做的事，有何異同？你使用哪些自我肯定句？針對你這次想要實現的心願，你用來反覆誦唸的真言是什麼？

接下來的這個練習，你將回到未來記憶的領域。這次你可以待久一點，深入體驗你理想中的人生。你會得到很棒的洞察，包括你住的地方、你的職業、你跟誰在一起，以及最重要的：你的感受。終極目標是幸福和喜悅。你將會造訪一段未來記憶，那是你已找到至福與天職的人生。

我會請你想出使你聯想到快樂小天地的符號（也就是視覺上的提示），讓你在接下來的幾天、幾星期、幾個月和幾年，都能輕鬆找到你的快樂小天地。找到一個特殊符號來代表你真心渴望的人生，就等於多了一種每天為你指引人生方向的方法。

能量療癒經常使用符號，符號是通往潛意識的捷徑。現在要解釋符號比過去容易，只要打開手機就有很多一大堆：代表各種情緒的表情符號，例如快樂、悲傷、興奮。一個象徵理想人生的圖像，會幫助你朝著你想要的方向前進。

這個練習跟之前漂向今生的未來不太一樣。兩種都試試，看你比較喜歡哪一種。開始吧。

◎練習13

吸入平靜和療癒，吐出緊張。在這趟旅程中，讓呼吸保持平衡、提供養分。隨著每一次呼吸，你會感到愈來愈放鬆。

讓自己沐浴在療癒的金色光芒中。你知道你很安全，通往快樂小天地的門就在你面前，打開門，跟慈愛的嚮導打招呼，牽起祂的手，跟祂一起向上漂浮。漂向天空，漂到光芒之上，漂到今天的正上方。

思考一下靈魂到目前為止的經歷。你對自己的認識，你去過的地方、做過的事情。想像你對這些事情懷抱著無比感謝，是這份感恩之情將你送到此時此刻。非常好。

如果你想要的話，可以請嚮導進一步說明你的靈魂今生來到地球上的目標和任務。慢慢來，提出問題，消除疑問。非常好。

當我數到三的時候，你和嚮導會漂到今生的未來。那時你擁有理想的職業，住在你想要的地方，和正確的、支持你的人一起體驗人生。在這個未來事件中的你比過往幸福，內在也更平和。你知道你已為夢想中的人生做出必要的改變。

準備好了嗎？一，漂向未來。二，繼續漂。三，你到了，留在那個地方。

時間是哪一年？

你在哪裡？

你跟誰在一起？

你感覺怎麼樣？

發生了什麼事？

你在做什麼工作？你怎麼知道這是你的天職？想像你能感受到別人讚美你的貢獻和才華。非常好。

慢慢感受這段美好時光的喜悅能量。於此同時，想像你能記起你到達眼前這種平靜和喜悅的狀態前，經歷了哪些步驟。感受你為了實現理想生活所跨出的第一步。非常好。那下一步呢？想像你無須費力就能記起這些步驟，因為它們早就發生過了。

允許身體的每一個細胞擴張放鬆，成為這股全新的幸福能量。從腳趾頭開始，慢慢往上延伸到你的雙腳、雙腿，然後是脊椎。細胞擴張放鬆，容納更多光與愛流入，並且與這種更恢弘的平靜感及使命感保持一致。光芒流入你的心臟，快樂的敞開心扉接納愛。接著光芒流入你的脖子、肩膀、雙手和手指，最後流入你的心智。

隨著光芒流入每一個細胞，想像你的潛意識能給你一個符號，代表你現在感受到的這種喜悅與幸福。

讓符號自動浮現在腦海中，或是等嚮導告訴你，或是仰賴你的內在覺知。現在就感受你的符號，你知道在生命旅途上的任何時候，只要在外在世界看見這個符號，無論是在影片中、在手機上或只是突然想到，就代表你走在正確的道路上，一切順利。

帶著這全新的愛與使命感，牽起嚮導的手一起漂回今天。當我從三數到一，你就會漂回今天的正上方。三，二，一。你回來了，做得很好！

金色光芒依然籠罩著你，牽著嚮導的手，想像你們慢慢往下漂，穿過雲層，回到你的快樂小天地。留在那裡，你覺得比之前更有精神，也更舒服。

感謝嚮導，目送祂慢慢漂回去。你身體裡的每一個細胞都充滿不可思議的愛的感受。做得很好。

轉過身，走出那扇門，回到這趟旅程的起始點。

待會我會從五數到一，你將回到原本的地方，你會覺得自己比之前更清醒、更有精神、更舒服。

五……踏實、專注、平衡。

四……今晚在夢中繼續處理這股新的能量，明天早上你將與新的使命感及愛的感受完全融合為一。

三……美麗的金色光球依然籠罩著你，你知道每當你看見或感受到今天收到的符號，你就會立刻記起你最光明的未來中那種更強大的平靜感及使命感，而且無須費力就能找到正確方向。

二……踏實、專注、平衡。

一……你回來了！

一切順利嗎？你有沒有收到跟其他回溯練習不一樣的新資訊？說到重現經驗，運用未來記憶可能是效果最強大的作法。強烈建議你寫下你收到的訊息，然後從手機裡挑一個適合的表情符號，或是利用其他視覺工具找出最像你的潛意識今天想出的那個符號。把這個符號放在鏡子上、文件中，用它當螢幕保護程式。任何地方都可以，讓它提醒你、鼓勵你。讓這個符號多多出現在你面前，你的無意識心智會收到強大的信號克服挑戰，並提醒你別忘了自己的神奇力量。

你可以把所有的練習整合在一起：呼吸、清理無用能量、與信賴的慈愛嚮導合作、造訪給你安全感與支持的快樂小天地、每天使用自我肯定句和正向訊息，並且提醒自己，只要在心中想著符號向前進，你可以完成任何目標。帶著新的恢弘視角，你能達成的事情不可限量。我為你讀完這本書感到驕傲，希望你在人生的道路上心想事成。

結論

邁向璀璨未來

閱讀這本書，就像經歷一趟探索靈魂與前世的深度旅行，希望能藉由改變讓人生變得更好。每個人想要進行前世回溯的原因都不同，但大致上都是為了活在當下、接受自己，以及如何發揮勇氣，用新的領悟賦予自己力量，進而邁向更幸福、更光明、更有貢獻的未來。

幸福是目標。雖然人生並不完美，但藉由許多細微的內在變化加上持續的改變，你的靈魂就不會在生命的大海上失去方向，帶領你前往你真正想去的地方。

今日社會充斥著嚴重到令人痛苦的焦慮、憂鬱和創傷，閱讀這本書並試著療癒自己正是時候。我們身處於人類存在的轉捩點，而我知道只要付出專注及努力，就能克服目前的一切障礙。

我認為現在之所以有這麼多人焦慮和憂鬱，其中一個原因是，我們正在集體的、出於同理心的接收外在大世界的能量。無論是不是出於有意識的覺察，我們都會對他人感同身受。別人向你傾訴一件悲傷的事，而你也同樣為他們感到難過，我們應該都碰過這種情況吧？這是因為每一個人都息息相關。

正因如此，催眠回溯是絕佳的紓壓工具。當你集中意念，產生療癒的想法和念頭，無視外在世界的一團混亂，你身旁的空間會隨著你發生具體的變化，你的生命也會變得更加平靜。旁人會被這樣的寧靜狀態感染。這是一件美好的事。

佛教徒認為靈性修練應該迴向給眾生，因為我們應該記住，無論來自怎樣的背景，眾生都有一個共同目標：離苦得樂。我同意這種看法。當你獲得療癒，放下前世的痛苦、怨恨、憤怒和其他負面狀態時，你其實幫助了每一個人。這種漣漪效應會擴散到整個宇宙，穿越永恆，改變每個時刻：過去，現在，未來。

為這本書準備資料的時候，我發現我的客戶最常見的情緒是恐懼。尤其是焦慮跟創傷，這兩種情緒都跟對生命的延續感到不安直接相關。我已執業二十年，處理過幾千筆個案。有意思的是，許多出現在這書中的個案都對基本生存充滿擔憂。

你或許聽過馬斯洛的基本需求理論。[1]這個觀念很簡單：人類的存在分為五個層級。最低級的需求是食物與居所。這理所當然，快餓死的人沒空追求心智的啟發。我的許多客戶都提過偷竊食物而被處死的經驗，這種情況在古代很常見。戰爭和其他慘烈的死亡，顯然也會導致焦慮和創傷。感受到深層前世焦慮的人都很怕死，而這樣的痛苦跟著他們一起延續到今生，似乎不令人意外。

在我的客戶身上，還有一個跟焦慮及恐慌症有關的情緒也相當常見，那就是羞恥感。這比較令人意外。投身於身心靈的人，常常覺得自己不應該出現這麼無知的反應，其實他們錯了。相信我，我真的明白。這些年來，我曾經多次嚴厲撻伐自己。但當我看見客戶對自己那麼嚴厲的時候，我很難過。因為你知道嗎？我們沒什麼好羞恥的！當日常生活中的壓力源跟創傷激發你的強烈反應時，你沒有必要道歉。我們的感受呈現出我們與生俱來的人性，也證明我們關懷這世界，關懷彼此。

---

[1] Saul McLeod, "Maslow's Hierarchy of Needs." Updated 2018, Simply Psychology.org, https://www.simplypsychology.org/maslow.html.

別忘了，正視自己、處理創傷和焦慮都需要很大的勇氣，但考慮到未來的幸福與滿足感，這麼做絕對值得。

有句老話說得不錯：「重點不在於發生了什麼事，而是你如何應對。」你是否已經盡最大的努力？我知道我是。我也真心相信，大部分的人類在任何時刻都根據他們當下得到的訊息，做出最大的努力。

我的客戶總是令我驚喜連連，他們在面臨艱難挑戰時，發揮了勇氣、慈悲、寬容與智慧。我非常欽佩他們的勇氣，也萬分尊敬那些身處逆境仍努力前進的人。

最幸福的人是向前邁進、放下過去、用自己的力量提升靈魂的人。這樣的意識改變一發生，靈魂立刻就能獲得成長跟領悟。你得到領悟後，你的靈魂就不需要再經歷相同的考驗，這是我跟許多人都親身經歷過的事。

我發現無論你曾經身在何處、有過怎樣的遭遇，運用催眠跟潛意識的力量重現過去，是塑造正向生命、優雅邁向未來的最好方法。這不是一趟輕鬆的旅程，但你的努力絕對值得。

「我們實為一體」這句話是真的。你知道當你療癒、原諒、放下和改變自己的時候，古往今來所有的人類都將因你而受惠嗎？此事千真萬確！花費時間跟精力幫助自己，會讓榮格筆下的集體意識更加充實。你創造的新的存在方式，所有人都能加以利用並因此受惠。只要我們選擇愛，摒棄仇恨；選擇療癒和原諒，摒棄憤慨；就能為古往今來存在過的眾生，創造一個新的空間，讓他們也能做到同樣的事。我們有意識的共同創造和改變集體意識，把它變成一個更輕盈、更多愛、對萬物更有益處的能量，而你正是這個巨大改變的一部分。

請記住我在觀眾席上為你加油。繼續努力！繼續了解自己。你一定會在隧道盡頭找到你一直在尋找的那道光。言盡於此，請容我為你的旅程獻上光芒與大量的祝福。

Namaste！

謝詞

這本書獻給我在執業生涯中有幸幫助過的數千個靈魂，以及每一個嘗試探索前世、尋找深刻意義的人。像這樣一個規模甚鉅的計畫，如果沒有眾人之力與親友的支持，我絕對不可能完成。我要對安琪拉・威克斯（Angela Wix）獻上最深的感謝，她從一開始就對我充滿信心，少了她，這本書不可能存在。謝謝比爾・克勞斯（Bill Krause）、泰利・洛曼（Terry Lohmann）、凱特・桑柏恩（Kat Sanborn）、傑克－萊恩・肯特（Jake-Ryan Kent）、安妮・伯狄克（Annie Burdick）、琳恩・曼特威克（Lynne Menturweck）、派蒂・弗瑞茲（Patti Frazee）、珊咪・雪瑞特（Sami Sherratt）、莉亞・麥德森（Leah Madsenn）、山米・潘恩（Sammy Penn）、雪儂・麥庫恩（Shannon McKuhen）、安娜・勒文（Anna Levine），與鹿林出版社（Llewellyn）的超棒團隊。特別感謝我的親友，包括吉姆・梅洛迪斯（Jim Merideth）、派特・沐恩（Pat Moon）、寶拉・威格納（Paula Wagner）與凱倫・威利（Karen Wiley）。

參考書目

Ambardekar, Nayana, M.D. "Progressive Muscle Relaxation for Stress and Insomnia." WebMD, January 20, 2018. https://www.webmd.com/sleep-disorders/muscle-relaxation-for-stress-insomnia.

Amen, Daniel G., M.D. *Change Your Brain Change Your Life: The Breakthrough Program for Conquering Anxiety, Depression, Obsessiveness, Anger and Impulsiveness.* New York: Three Rivers Press, 1998.

American Psychiatric Association. *Diagnostic and Statistical Manual of Mental Disorders. 5th ed.* Arlington, Virginia: American Psychiatric Association, 2013.

Arts & Entertainment Television. *Hoarders*, https://www.aetv.com/shows/hoarders.

Associated Press. "Poll: Nearly 8 in 10 Americans Believe in Angels." CBS News.com, December 23, 2011. https://www.cbsnews.com/news/poll-nearly-8-in-10-americans-believe-in-angels/.

Baines, John R. and Peter F. Dorman. "Ancient Egyptian Religion." Encyclopaedia Britannica, Inc., October 10, 2017. https://www.britannica.com/topic/ancient-Egyptian-religion/The-cult.

Bernstein, Morey. *The Search for Bridey Murphy.* New York, NY: Doubleday, 1989.

Bourne, Edmund PhD, and Lorna Garano. *Coping with Anxiety: 10 Ways to Relieve Anxiety, Fear & Worry, Revised Second Edition.* Oakland, CA: New Harbinger Publications, Inc., 2016.

Brogan, Kelly, M.D. and Kristin Loberg. *A Mind of Your Own: The Truth About Depression and How Women Can Heal Their Bodies to Reclaim Their Lives.* New York, NY: Harper Wave, 2016.
（中文版《把心還給我》由一中心有限公司於2018年出版）

Collins, Robert M., William Moore and Rick Doty. "The Zeta Reticuli Star System." UFO Conspiracy.com, 1991. http://www.ufoconspiracy.com/reports/zetareticuli_star_sys.htm.

De Silva, Padma and Stanley Rachman. *Obsessive-Compulsive Disorder: The Facts, Third Edition*. New York, NY: Oxford University Press, 2004.

Dowling, Austin. "Conclave," Catholic Answers, https://www.catholic.com/encyclopedia/conclave.

Downs, Alan, PhD. *The Half-Empty Heart: A Supportive Guide to Breaking Free from Chronic Discontent*. New York, NY: St. Martin's Griffin, 2003.

（中文版《別再煩了：擺脫輕鬱症》由寶鼎出版社於2003年出版）

Eisler, Melissa. "Learn the Ujjayi Breath, An Ancient Yogic Breathing. Technique." Chopra.com, https://chopra.com/articles/learn-theujjayi-breath-an-ancient-yogic-breathing-technique.

Foa, Edna B., PhD, and Linda Wasmer Andrews. *If Your Adolescent has an Anxiety Disorder: An Essential Resource for Parents*. New York, NY: Oxford University Press, 2006.

Forward, Susan, PhD, and Craig Buck. *Obsessive Love: When It Hurts Too Much to Let Go*. New York, NY: Bantum Books, 1991.

（中文版《跳痛的愛》由大牌出版社於2017年出版）

Frost, Randy O. *Compulsive Hoarding and the Meaning of Things*. Boston, MA: Mariner Books, Houghton Mifflin Harcourt, 2011.

（簡體中文版《囤积是种病》由中信出版社於2011年出版）

Gardner, James, M.D. and Arthur H. Bell, PhD. *Phobias and How to Overcome Them: Understanding and Beating Your Fears*. Newburyport, MA: New Page Books, 2005.

Gecewicz, Claire. "'New Age' Beliefs Common Among Religious, Nonreligious

Americans." Pew Research Center, October 1, 2018. http://www.pewresearch.org/fact-tank/2018/10/01/new-age-beliefs-common-among-both-religious-and-nonreligious-americans/.

Greenspan, Jesse. "8 Things You May Not Know About the Papal Conclave: As

Cardinals Gather in Rome to Elect a New Pontiff, Take a Glimpse Inside the Famously Secretive Papal Conclave." History.com, March11, 2013. https://www.history.com/news/8-things-you-maynot-know-about-the-papal-conclave.

Harvey, Ian. "Europeans in the Middle Ages Believed Lice Were a Sign of Good Health." The VintageNews.Com, March 23, 2017. https://www.thevintagenews.com/2017/03/23/europeans-in-the-middleages-believed-that-lice-were-a-sign-of-good-health/.

Hollander, Eric, M.D. and Nicholas Bakalar. *Coping with Social Anxiety: The Definitive Guide to Effective Treatment Options*. New York: NY: Owl Books, Henry Holt & Company, 2005.

Hunt, Douglas, M.D. *What Your Doctor May Not Tell You About Anxiety, Phobias, & Panic Attacks: The All-Natural Program That Can Help You Conquer Your Fears.* New York, NY: Warner Books, 2005.

Johnston, Joni E., Psy.D. and O. Joseph Bienvenu, M.D., PhD. *Idiot's Guide to Overcoming Depression, Second Edition.* New York, NY: Alpha Books, 2014.

Jung, C.G. and R.F.C. Hull. *The Archetypes and the Collective Unconscious*（*Collected Works of C.G. Jung Vol. 9, Part 1*）. New York, NY: Princeton University Press, Second Edition, 1981.

（簡體中文版《原型与集体无意识》由國際文化出版公司於2011年出版）

Maltz, Maxwell. *Psycho-Cybernetics: A New Way to Get More Living Out of Life.* New York, NY: Simon & Schuster, 1960.

（中文版《改造生命的自我形象整容術》由柿子文化於2017年出版）

Maté, Gabor, M.D. *Scattered: How Attention Deficit Disorder Originates and What You Can Do About It.* New York, NY: Dutton Books, 1999.

McLeod, Saul. "Short Term Memory." Simply Psychology.org, 2009. https://www.simplypsychology.org/short-term-memory.html.

McVey-Noble, Merry E., PhD, Sony Khemlani-Patel, PhD, and Fugen Neziroglu, PhD, ABBP, ABPP. *When Your Child is Cutting: A Parent's Guide to Helping Children Overcome Self-Injury.* Oakland, CA: New Harbinger Publications, 2006.

Miller, George A. "The Magical Number Seven, Plus or Minus Two: Some Limits on Our Capacity for Processing Information." *Psychological Review*, 63, 81-97. Harvard University, 1956. http://psychclassics.yorku.ca/Miller/.

Mollica, Richard F., M.D. *Healing Invisible Wounds: Paths to Hope and Recovery in a Violent World.* New York, NY: Hartcourt, Inc., 2006.

Moore, Clement Clarke. "A Visit from Saint Nicholas." *The Random House Book of Poetry for Children*. New York, NY: Random House, 1983.

"Mouth Breathing: Symptoms, Complications & Treatments," Healthline.com. https://www.healthline.com/health/mouth-breathing#causes.

"Nose Breathing or Mouth Breathing? What's the Correct Way to Breathe?" Breathing.com. https://breathing.com/pages/nose-breathing.

Pai, Anushka, Alina M. Suris and Carol S. North. "Posttraumatic Stress Disorder in the DSM-5: Controversy, Change, and Conceptual Consideration." MDPI, Basel, Switzerland. https://www.ncbi.nlm.nih.gov/pmc/articles/PMC5371751/.

Paxton, Matt and Phaedra Hise. *The Secret Lives of Hoarders: True Stories of Tackling Extreme Clutter*. New York, NY: Perigee Books, 2011.

Ryan, Thomas. "25 percent of US Christians believe in reincarnation. What's wrong with this picture?" AmericanMagazine.org, October 21, 2015. https://www.americamagazine.org/faith/2015/10/21/25-percent-us-christians-believe-reincarnation-whats-wrong-picture.

Sarkis, Stephanie Moulton, PhD. *10 Simple Solutions to Adult ADD: How to Overcome Chronic Distraction & Accomplish Your Goals, Second Edition.* Oakland, CA: New Harbinger Publications, Inc., 2011.

Serpa, Vincent, Fr. O.P. "Who said, 'Love the sinner, hate the sin'?" Catholic.com, August 4, 2011. https://www.catholic.com/qa/who-saidlove-the-sinner-hate-the-sin.

Shakespeare, William. *Hamlet.* New York, NY: MacMillan Collector's Library, New Edition, August 23, 2016.

Stahl, Bob, PhD, and Wendy Millstine. *Calming the Rush of Panic: A Mindfulness-Based Stress Reduction Guide to Freeing Yourself from Panic Attacks & Living a Vital Life.* Oakland, CA: New Harbinger Publications, Inc., 2013.

美國心理健康資源

幸運的是，在網際網路的協助下，為生命中的各種問題尋求協助從未如此容易。只要你有勇氣提出要求，就能找到答案。下面列出幾個與心理健康資訊有關的連結，希望對你有幫助。

American Psychiatric Association. http://www.psych.org/（美國精神醫學協會）

American Psychological Association. https://www.apa.org/（美國心理學會）

Anxiety and Depression Association of America. http://www.adaa.org/living-with-anxiety/ask-and-learn/resources/（美國焦慮症與憂鬱症協會）

Anxiety Disorder Resource Center. http://www.adaa.org/living-with-anxiety/ask-and-learn/resources/（焦慮症資源中心）

Depression and Bipolar Support Alliance. http://www.dbsalliance.org/（憂鬱症及躁鬱症支援聯盟）

Mental Health Resources for Hoarders, including help for pets. https://www.aetv.com/shows/hoarders/exclusives/treatment-resources/（囤積癖心理健康資源，包括囤積寵物）

National Alliance on Mental Illness. https://www.nami.org/（國家心理疾病聯盟）

National Center for Complementary and Integrative Health. https://nccih.nih.gov/（美國國家替代醫學研究中心）

National Institutes for Heath. http://www.nlm.nih.gov/medlineplus/mentalhealth.html/（國家衛生研究院）

National Suicide Prevention Lifeline. 1-800-273-8255. http://www.suicidepreventionlifeline.org/（全國自殺預防熱線）

U.S. Government Mental Health page. https://www.usa.gov/mental-health-substance-abuse/（美國政府心理衛生專頁）

BC1086

前世業力清理法

6步驟RELIEF，回溯今生困難問題的根源

Meet Your Karma: The Healing Power of Past Life Memories

作　　者　雪莉・凱爾博士（Shelley A. Kaehr PhD）
譯　　者　駱香潔
責任編輯　田哲榮
協力編輯　朗慧
封面設計　斐類設計
內頁構成　李秀菊
校　　對　蔡昊恩

發 行 人　蘇拾平
總 編 輯　于芝峰
副總編輯　田哲榮
業務發行　王綬晨、邱紹溢
行銷企劃　陳詩婷
出　　版　橡實文化ACORN Publishing
地址：10544臺北市松山區復興北路333號11樓之4
電話：02-2718-2001　傳真：02-2719-1308
網址：www.acornbooks.com.tw
E-mail：acorn@andbooks.com.tw
發　　行　大雁出版基地
地址：10544臺北市松山區復興北路333號11樓之4
電話：02-2718-2001　傳真：02-2718-1258
讀者傳真服務：02-2718-1258
讀者服務信箱：andbooks@andbooks.com.tw
劃撥帳號：19983379戶名：大雁文化事業股份有限公司

印　　刷　中原造像股份有限公司
初版一刷　2021年1月
初版三刷　2023年2月
定　　價　380元
I S B N　978-986-5401-44-3

國家圖書館出版品預行編目資料

前世業力清理法：6步驟RELIEF，回溯今生困難問題的根源／雪莉・凱爾博士（Shelley A. Kaehr PhD）著；駱香潔譯. -- 初版. -- 臺北市：大雁文化事業股份有限公司橡實文化出版：大雁出版基地發行, 2021.01
面；　公分
譯自：Meet your karma : the healing power of past life memories
ISBN 978-986-5401-44-3（平裝）
1.輪迴　2.因果
216.9　　109017888